세상 모든 과학의 비밀
과학 문화재에서 찾아라!

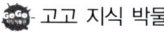 고고 지식 박물관 21

세상 모든 과학의 비밀
과학 문화재에서 찾아라!

글 박은정 | 그림 정현진

초판 1쇄 펴낸날 2007년 8월 31일 | **초판 7쇄 펴낸날** 2011년 3월 25일
펴낸이 변재용 | **편집책임** 김혜선
기획 우리누리 | **편집** 김지현 | **디자인** 정상철
마케팅 김병오, 박영준 | **홍보** 이대연 | **영업관리** 김효순 | **제작** 임기종, 안정숙
분해 (주)나모에디트 | **인쇄** (주)삼조인쇄 | **제본** (주)선명제본
펴낸곳 (주)한솔교육 등록 제10-647호 | **주소** 121-904 서울시 마포구 상암동 1653번지 DMC 이안상암 2단지 19층
전화 02-3279-3897(편집), 02-3271-3406(영업) | **전송** 02-3279-3889
전자우편 isoobook@eduhansol.co.kr | **누리집** www.isoobook.com | **북카페** cafe.naver.com/soobook
ISBN 978-89-535-4021-7 74030 **ISBN** 978-89-535-3408-7(세트)

ⓒ 2007 우리누리 · (주)한솔교육
※저작권법으로 보호받는 저작물이므로 저작권자의 서명 동의 없이 다른 곳에 옮겨 싣거나 베껴 쓸 수 없으며 전산장치에 저장할 수 없습니다.
※값은 뒤표지에 있습니다.

한솔수북은 아이 마음을 아름답게 가꿔 주는 한솔교육의 단행본 출판 이름입니다.

세상 모든 과학의 비밀
과학 문화재에서 찾아라!

우리 조상들의 손때 묻은 과학을 찾아라!

우리 조상들은 과학과 가까운 사람들이었어. 날마다 날씨를 기록하고 비 양을 재고, 하늘에 떠 있는 별을 살피고, 시계를 만들어 정확한 시간을 알아 내고, 더운 여름에 얼음을 꺼내 쓰기도 했어. 그즈음, 다른 나라와 견주어 보면 놀라운 과학 기술이 있었다는 것을 뚜렷하게 알 수 있어.

우리 조상들의 과학을 차근차근 살펴봐.
어때, 지금 우리가 누리고 있는 과학과 견주어 보아도 모자람이 없다는 것을 알 수 있지? 지금 과학보다 무조건 뛰어난 과학이라는 이야기는 아니야. 오늘날 거중기나 첨성대보다 뛰어난 도구가 발명된 것도 있을 뿐 아니라 더 발전한 기술로 만들어진 것도 있거든.
그러나 우리 조상들의 과학이 환경을 안 망가뜨린 점에서는 오늘날 과학보다 훨씬 뛰어나다고 할 수 있어. 더욱이 자연에서 시작되어 다시 자연으로 돌아간다는 것이 더욱더 훌륭하지.

이를테면 석빙고처럼 말이야. 한겨울에 넣어 놓은 석빙고 속 얼음은 늦여름 더위가 다 지나가도 안 녹고 그대로 있었어. 석빙고 속 얼음을 안 녹게

하는 힘은 뜨거운 기운과 습기가 금방 빠지게 만들어진 석빙고의 과학 구조에서 나왔지. 전기로 찬 공기를 안 뿜어내도, 더운 공기를 기계로 억지로 안 빼도 자연의 힘만으로 언제나 같은 온도를 지켜 준다니 정말 대단하지?

'어디서 우리 조상들의 과학을 찾을 수 있을까?'
어떤 시대의 과학 기술을 알고 싶다면 그 시대 사람들의 삶을 보면 돼. 사람들이 썼던 물건들 속에 과학 기술이 숨어 있거든. 문화재는 과거 사람들이 누리고 산 문화를 보여 주는 가장 으뜸 물건이야. 그러니까 문화재를 보면 그 시대 사람들의 삶을 알 수 있지.

아쉽게도 이름난 과학 문화재 가운데는 지금까지 전해 내려오지 못한 것들이 많아. 귀중한 과학 문화재가 안 사라지게 하려면 옛 과학 문화재를 더욱 쓸모 있게 다듬어 쓸 줄 알아야 해. 그러려면 과학 문화재를 잘 알고 있어야겠지? 이 책에 나오는 새롬이는 과학 기차를 타고 과거 속 우리 과학 문화재를 만나게 돼. 우리도 함께 따라가 입이 떡 벌어지는 과학 문화재를 만나 볼까?

글쓴이 박은정

여행 차례

머리말...04
과학 기차에 탄 사람들...08

이런 고물을
봐서 뭐 한담?
...10

쇠붙이라고
다 같은
쇠붙이는
아니지
선덕대왕신종 역
...82

아저씨
그만 좀 깨세요
고려청자 역...71

아주 차가운 물
한 잔만!
석빙고 역...92

수원 화성
으뜸 일꾼
거중기 역...101

과학 기차에 탄 사람들

새롬이
'과학'이라면 자다가도 벌떡 일어나고, '우주' 소리만 들어도 두 눈이 초롱초롱, '로봇'이라면 껌뻑 넘어간다. 친구들 앞에서 늘 잘난 척하지만 사실 겁이 너무 많아서 밤에 잘 때 온 방에 불을 환하게 켜 놓는 겁쟁이다.

명석이
과학 기차에서 새롬이 옆 자리에 앉게 된 친구로 살짝 덤벙거리지만 씩씩하고 호기심이 많다.
할아버지처럼 말하며 겁이 없어 아무 곳에나 덥석덥석 가는 바람에 새롬이를 무섭게 한다.

도공 아저씨

모종팔 영감님

관상감 관원 아저씨

과학 기차

과학을 좋아하는 아이들을 태우고 과학 문화재 세계로 달리는 기차. 원래 이름은 과학 문화재 기차다. 사람들이 문화재 하면 민속이나 문화를 먼저 떠올리는 것에 마음이 상해 과학 기차로 바꿨다. 아이들이 과학에 얽힌 호기심과 궁금증을 보일 때 힘이 마구 솟는다! 지난 시간을 여행하는 기차라서 아주 예민하며, 고물만 박사가 잠깐이라도 자리를 비우면 고장이 나거나 심술을 부린다.

고물만 박사

과학 기차의 기관장으로 과학을 좋아하는 아이들을 과학 문화재 세계로 데려간다. 기차에 탄 아이들이 안전하게 즐거운 구경을 할 수 있게 애쓴다.

배우리 선생님

새롬이 담임 선생님으로, 우리 문화에 관심이 많으며 박물관을 너무 좋아하다 보니 '세상의 모든 궁금증은 박물관에서 풀 수 있다.'라고 믿는다. 남다른 눈과 박물관에 얽힌 믿음으로 반 아이들을 씩씩하게 데리고 다닌다.

'아, 속았다.'

나는 버스가 멈추자마자 한숨을 내쉬었어요. 다다른 곳이 너무나 눈에 익었거든요. 지난달, 그 지난달에도 왔던 곳이에요.

"또 박물관이라니 말도 안 돼."

"이번 학기 들어 박물관만 벌써 세 번째야."

"좋아해도 너무 좋아하신다니까."

아이들은 큰 소리로 떠들었어요. 배우리 선생님이 담임이란 소리를 들을 때만 해도 모두 설마 했지요.

'설마 한 해 내내 박물관으로 견학 가는 건 아니겠지?'

'학기마다 정해진 견학 과제가 있으니 몽땅 박물관에 가서 풀라는 건 아닐 테야.'

아이들의 짐작은 모조리 보기 좋게 빗나가고 말았어요. 배우리 선생님은 우리나라 미술의 아름다움에 얽힌 과제가 있을 때도, 우리 고장의 역사에 얽힌 과제가 있을 때도 어김없이 아이들을 박물관으로 데려갔거든요.

"어휴, 배우리 선생님 반이 된 게 죄지. 죄야."

온몸에 힘이 쭉 빠지는 것 같았어요. 배우리 선생님은 아이들 얼굴을 살피더니 큰 소리로 물었어요.

"선생님한테 할 말 있는 사람?"

모두 선생님 눈치만 살폈어요. 다들 우리나라 과학을 볼 수 있는 곳으로 견학 간다는 말에 잔뜩 기대를 했거든요.

'우주 모형도 보고, 여러 로봇도 보고, 신기한 실험 기구도 손수 만져 볼 수 있겠지?'

나는 과학관을 둘러볼 생각에 밤새 한숨도 못 잤어요. 그러니까 어떻게 화가 안 날 수 있겠어요? 나는 손을 번쩍 들고 씩씩하게 외쳤어요.

"여기는 서울 과학관이 아니잖아요!"

"내가 언제 과학관이라고 했어? 우리나라 과학을 두 눈으로 보고 느낄 수 있는 곳으로 간다고 했지."

"그게 과학관이잖아요."

나는 그만 발끈해서 소리쳤어요. 배우리 선생님은 화가 난 내 얼굴은 안 보이는지 능청스럽게 말했어요.

"과학은 과학관에서만 볼 수 있는 게 아니란다."

아이들은 금세 수그러들었어요. 하지만 난 이번 만큼은 참을 수가 없었어요.

"하지만 과학관 견학을 하는 게 더 쉽잖아요."

선생님은 내 곁으로 살금살금 다가왔어요. 그리고는 씨익 웃으며 집게손가락을 쭉 펴더니 내 코앞에 내밀고는 살살 흔드는 게 아니겠어요?

"노노노노노, 그럼 다른 반이랑 다를 게 하나도 없잖아?"

'제발 다른 반과 같았으면 좋겠네요.'

배우리 선생님은 자기가 한 말이 마음에 들었는지 뿌듯한 얼굴이었어요. 다른 아이들은 모두 포기한 듯했지만 난 그럴 수 없었어요. 그래서 일부러 큰 소리로 말했어요.

"하지만 선생님……."

선생님은 내 말을 귓등으로 흘려보내고는 다른 아이들 쪽으로 몸을 쌩 돌려 가 버렸어요.

"자, 여러분 그만 떠들고, 어서 날 따라와요."

배우리 선생님은 박물관 쪽으로 팔을 흔들며 앞장서서 걸어갔어요. 나는 하는 수 없이 선생님을 따라가며 마음속 깊이 외쳤어요.

'나 집으로 돌아갈래!'

배우리 선생님은 박물관에 들어서자마자 전시되어 있는 커다란 탑 앞에서 말했어요.

"박물관에 무엇이 있는지 아는 사람?"

"도자기요."

"그림이요."

"보물도 있어요."

난 퉁명스럽게 큰 소리로 대꾸했어요.

"고물이요."

그때, 배우리 선생님 등 뒤에 있는 탑이 흔들렸어요. 나는 깜짝 놀라 눈을 있는 힘껏 비볐어요.

'설마?'

두 눈을 크게 뜨고 다시 살펴봤더니 탑은 그 자리에 그대로 있을 뿐이었지요. 배우리 선생님은 활짝 웃었어요.

"졸린 새롬이 빼고 다른 친구들은 아주 잘 알고 있네요."

"박물관만 벌써 세 번째니까요."

배우리 선생님은 아이들을 보고 멋쩍은 듯이 말을 이었어요.

"박물관 안에는 우리 조상들이 남긴 문화재들이 아주 많이 있어요. 문화재는 조상들이 제 나름대로 세상을 편리하게 살려고 애쓴 흔적이지요. 그래서 나라마다 문화재가 달라요."

"왜요?"

심술이 나서 일부러 한 말인데 잘난 척하기 좋아하는 반장은 이때다 싶은지 재빨리 대답했어요.

"그거야 우리나라와 다른 나라의 문화가 다르니까 그렇지. 어떤 생각을 하는 사람이 어떤 환경 속에서 모여 사느냐에 따라 다른 문화가 생겨나거든."

배우리 선생님은 반장 머리를 쓰다듬으며 흐뭇하게 말했어요.

"여러 사람이 모여 살다 보면 자연스럽게 생기는 것들을 통틀어 문화라고 해. 정해진 규칙이나 사는 방법처럼 눈에 안 보이는 것부터, 어떤 것을 먹고, 어떤 옷을 입으며, 어떤 집에 사느냐처럼 눈에 보이는 것까지 모든 것을 아우를 수 있지."

배우리 선생님 말에 따르면 세상 모든 것이 다 문화재 같았어요. 입고, 먹고, 쓰는 것 모두 문화에서 나온 것이나 다름없으니까요. 그런데 그게 말이나 돼요? 그렇게 따지면 이 세상에 문화재 아닌 것이 얼마나 있겠어요.

"문화재는 그 나라 문화를 보여 주는 아주 소중한 자료예요. 그러니까 모두 아끼고 사랑해야 하는 것 알죠?"

난 아주 작은 목소리로 투덜거렸어요.

"아무리 그래도 너무 구닥다리잖아. 이런 고물이 어떻게……."

배우리 선생님은 아이들을 이끌고 전시관에 들어가며 내 귓가에 아주 작은 목소리로 속삭였어요.

"자꾸 고물이라고 하면 문화재가 섭섭해서 화낼지도 몰라."

'아, 더도 덜도 말고 딱 10분만 잤으면 소원이 없겠다.'

난 투덜거리면서 배우리 선생님을 따라 전시관으로 들어갔어요.

내 머릿속에는 온통 뿌연 안개가 낀 것 같았어요. 배우리 선생님은 반 아이들이 모두 전시관에 들어온 것을 보며 말했어요.

"문화재 속에 담긴 우리 조상들의 과학을 찾아보기로 해요."

"이딴 고물 안에서 어떻게 우리나라 과학을 찾아요?"

"그거야, 네가 겉모습만 봐서 그렇지. 문화재 안에 얼마나 많은 정보가 담겨 있는지 알아?"

나는 일부러 고개를 절레절레 저었지요. 배우리 선생님은 '너 참 한심하구나.' 하는 얼굴로 날 바라봤어요.

"사람들이 살면서 누리는 문화에는 예술, 종교, 문학 같은 것들이 있어. 물론 과학 또한 사람들이 살아가면서 만들어 낸 것이니 문화에 속한다는 것쯤은 잘 알고 있겠지?"

나는 아무 말도 할 수 없었어요. 배우리 선생님 말이 맞다는 것은 누구나 잘 알고 있으니까요. 배우리 선생님 또한 이런 내 마음을 눈치챈 듯했어요.

"문화재는 편리하게 살려고 애쓴 흔적이니 우리 조상들이 누리며 살았던 과학 또한 문화재에 담겨 있을 수밖에 없지. 그래서 거북선, 첨성대, 대동여지도처럼 우리나라의 뛰어난 과학을 보여 주는 과학 문화재를 잘 살펴보면 우리 조상들의 과학 기술이 어떠했는지도 잘 알 수 있어요. 그럼, 문화재가 쓰이던 무렵의 과학이 얼마나 발전했는지, 어떤 기술을 썼는지 주의 깊게 살펴보아요."

나도 모르게 입을 삐죽거리며 생각했지요.

'그래 봤자 옛날 옛적 과학이지. 지금은 쓸모도 없을 텐데……'

배우리 선생님이 어찌나 조목조목 잘 이야기를 하는지 얄미워서 자꾸 엉뚱한 것만 물었어요.

"박물관에 있는 문화재 가운데 과학 문화재라고 할 수 있는 게 있기는 해요?"

"물론 많지. 우리 문화재 가운데 세계에서 이름난 문화재들은 거의 과학 문화재라고 할 수 있어. 아무래도 새롬이는 남아서 선생님과 나머지 공부를 해야겠다."

나머지 공부라는 소리에 난 선생님 말을 알아듣는 척할 수밖에 없었어요.

"나머지 공부 안 해도 돼요. 우리나라에는 과학 문화재가 많으니까 거기에 담긴 우리 조상들의 과학을 살펴보면 과학관 따위에 안 가도 우리나라 과학을 바로 보고 느낄 수 있다는 거잖아요!"

"옳지. 이제야 좀 제대로 알아듣는구나."

배우리 선생님은 세상에서 가장 행복한 얼굴로 말했어요. 난 마주 보며 씨익 웃었지만 내 머릿속에는 불만이 가득했지요.

'벌써 오래전에 사라진 다 묵은 과학을 봐서 뭐에 쓴담?'

배우리 선생님은 내 말에 마음이 풀렸는지 신이 나서 목소리를 더 높였어요.

"지금은 안 쓰지만 우리 조상들의 과학 기술 가운데 놀라운 것들이 엄청나게 많아요. 옛것도 모르면서 새로운 것만 탐내는 것만큼 어리석은 것도 없어요."

아이들은 입을 모아 큰 소리로 말했어요.

"네!"

"자, 모두 조용히 따라와요."

난 배우리 선생님 뒤를 따라다니며 고개를 끄덕였지만 머릿속은 온통 딴 생각뿐이었지요.

'어서 견학을 마치고 맛있는 거나 실컷 먹었으면……'

배우리 선생님은 신이 나서 아이들을 드넓은 전시관 이곳저곳으로 끌고 다니며 과학 문화재들만 쏙쏙 골라 이야기했어요. 하지만 설명이 어찌나 길던지 반 아이들도 하나둘씩 슬그머니 다른 곳으로 빠졌어요.

'잠깐만 아주 잠깐만 자도 되겠지.'

나는 이 틈을 안 놓치고 박물관을 빠져나갔어요. 들어올 때 본 낡은 기차가 생각났거든요.

'거기라면 조용하겠지?'

난 박물관 앞에 전시되어 있는 낡은 기차 안으로

들어갔어요. 기차 안에서는 녹슨 쇠붙이와 먼지 냄새가 가득했어요.
 "뭐 이쯤이야, 괜찮겠지?"
 의자 위에 쌓인 먼지들을 탈탈 떨어내고 웅크리고 누웠어요. 두 눈을 감자마자 곧 잠이 쏟아졌어요.

"덜커덩."

한참 잘 자고 있었는데 이상한 소리가 들리더니 의자가 마구 흔들리지 뭐예요. 깜짝 놀라서 졸린 눈을 비비고 일어났어요.

"우웅, 무슨 일이야?"

틀림없이 내가 잠이 들었을 때는 박물관 앞 낡은 기차 안이었는데, 깨어 보니 케이티엑스(KTX)보다, 아니 내가 본 어떤 기차보다도 멋진 기차 안이었어요.

"이게 어떻게 된 일이지?"

보들보들한 붉은 천이 깔린 바닥, 아주 폭신폭신하고 향긋한 냄새가 나는 커다란 의자, 창문 밖으로 보이는 풍경조차 별이 반짝이는 멋진 밤하늘이었지요.

"여기가 어디지?"

갑자기 무서워졌어요. 낯선 곳, 달리는 기차 안이라니…….

"어허, 드디어 눈을 떴구려."

"누……, 누구야?"

앞 의자에서 두 눈이 동그란 남자아이가 고개를 쑥 내밀었지요.

"나는 자네와 같이 여행할 사람일세."
"여행?"
난 너무 놀라 자리에서 벌떡 일어났어요.
"그래, 여행 말일세. 자네는 과학 기차를 처음 타 본 모양이군."
"과학 기차?"
"음……, 그러니까 고물만 박사가 운전하는 기차로 여러 가지 과학을 손수 보고 느낄 수 있네. 그러니까……."

아이는 과학 기차를 열심히 설명했지만 말하는 투도 이상하고, 말하는 내용도 이상해서 무슨 말을 하는지 알 수가 없었지요. 난 자꾸만 고개를 갸웃거렸어요. 아이는 머리를 긁적였고요.

"아이고, 아무래도 안 되겠군. 난 명석이라고 하네. 고물만 박사를 불러올 테니 조금만 기다리게나."

명석이는 자리에서 일어나 후닥닥 뛰어갔어요.

'어딜 가는 거야! 제발 날 혼자 두지 마.'

어느새 기차는 시끄러운 소리를 내며 열심히 달렸어요. 명석이가 곧 아인슈타인처럼 부스스한 머리 모양을 한 아저씨를 데려왔어요.

'설마 저 아저씨는 아니겠지? 저렇게 정신없어 보이는 사람이 제대로 설명해 줄 리 없잖아.'

어쩜 좋을까, 그 이상한 아저씨가 바로 고물만 박사였어요. 박사는 상냥하게 웃으며 다가왔어요.

"안녕, 새롬아. 너와 같이 여행할 기관장 고물만이란다. 난 기차가 아무 탈 없이 달릴 수 있게 하지."

"안녕하세요. 제가 어떻게 이 기차에 타게 된 거예요?"

박사는 빙그레 웃었어요.

"네 발로 올라탔잖아."

"전 여기 탄 적이 없어요."

"그럼 네 주머니에 있는 기차표는 뭐냐?"

난 주머니에 손을 넣으며 말했어요.

"저한테는 기차표가 없……. 어, 이게 왜 여기 있지?"

내 눈은 접시처럼 커다래졌어요. 주머니 속에는 빨간 기차표가 들어 있었어요.

"말……, 말도 안 돼. 자는 동안 내 주머니에 넣은 거 아니에요?"

박사는 아주 흐뭇한 얼굴로 말했어요.

"과학을 좋아하고, 과학 기차를 탔다면 누구나 표를 가질 수 있는 거란다."

"이건 뭔가 잘못된 거예요. 절 박물관으로 돌려보내 주세요. 선생님이랑 반 친구들이 지금 저를 찾고 있을걸요."

"걱정 마, 이 기차를 끝까지 타고 있으면 네가 왔던 곳, 네가 왔던 그 시간으로 돌아갈 수 있으니까."

"정말이죠?"

"그럼 정말이지. 과학을 사랑하는 사람은 절대로 거짓말을 안 하는 법이야. 게다가 이 기차를 타고 있으면 네가 사랑하는 과학 세계를 아주 편안히 다녀올 수 있지."

박사 말에 살짝 솔깃했어요. 게다가 명석이가 재빨리 내 한쪽 팔을 낚아채며 좋아하자 마음이 풀렸어요.

"동무가 없어서 무척 심심했는데 함께 간다니 정말 신 나는군."

"끝까지 함께하지요, 뭐."

"그 대신 네가 왔던 박물관 빼고 어디든지 데려다 주마."

박사는 방긋 웃으며 말했어요. 난 마음 놓고 자리에 앉아 휴대전화를 꺼냈어요.

'지금이 몇 시지?'

이게 웬일이에요. 틀림없이 휴대전화가 켜져 있는데 이상하게 시계가 안 보였어요. 그 자리에 처음 보는 이상한 그림이 있었지요. 난 휴대전화를 자꾸 열었다 닫으며 중얼거렸어요.

"이……, 이게 왜……, 왜 이런 거야."

명석이가 떨리는 내 손을 잡으며 다정하게 말했어요.

"과거로 가는 기차라 그런 걸세. 과거의 시각과 지금의 시각을 알리는 말이 달라서 그렇다네. 너무 떨지 말고 차분하게 마음을 가라앉히게."

"으악, 몰라 몰라. 어서 박물관으로 보내 줘."

난 명석이 손을 뿌리치고는 미친 듯이 기관실 쪽으로 달려갔어요. 어찌나 열심히 소리를 질러댔던지 고물만 박사가 기관실 문을 열고 고개를 내밀었지요. 그때를 안 놓치고 재빨리 소리쳤어요.

"어서 박물관으로 데려다 주세요."

"저렇게 겁이 많아서야 어디 과학자가 될 수 있을까? 과학자가 되려면 새로운 것들을 찾아내고, 발견한 것들을 써서 더 새로운 것들을 만들어야 할 텐데……. 힘들겠어."

"뭐라고요? 아니에요. 전 뭐든지 잘할 수 있어요."

"그래, 그래야 미래의 과학자지. 몇 시인지 궁금한 모양이니 먼저 시계가 있는 곳으로 데려다 주마. 어서 가서 자리에 앉아 있으렴."

고물만 박사는 내 어깨를 두드리며 활짝 웃었어요.

기차는 정말 '칙칙폭폭' 이상한 소리를 내며 신 나게 달렸어요. 창 밖으로 무언가 이상한 것들이 정신없이 지나갔지요. 난 너무 겁이 났지만 차마 무섭다는 말을 할 수 없었어요.

'어디든 좋으니 빨리만 가라.'

명석이는 말없이 내 손을 꼭 잡아 주었어요.

기차가 달리자 속이 울렁거리고 머리가 띵해 토할 것 같았어요. 마침 햇살이 가득 비치는 조용한 길가에 기차가 멈췄어요.

"앙부일구 역. 앙구일부 역입니다."

고물만 박사의 목소리가 기차 안을 울렸어요. 명석이와 나는 창문에 매달려 밖을 내다봤지요. 아무리 봐도 돌로 된 기둥 위에 놓인 쇠로 된 바가지처럼 생긴 물건 말고는 아무것도 안 보였어요.

'뭐야. 시계가 있는 곳으로 간다더니…….'

나는 잔뜩 실망하고 말았어요. 옆에 있던 명석이는 두 눈을 무섭게 반짝였지요.

"세종대왕은 종묘 앞과 종로1가 혜정교 위에 앙부일구를 만들어 놓았다네. 지나다니는 백성들이 누구나 볼 수 있게 말일세."

"세종대왕? 앙부일구? 무슨 소리야?"

명석이는 내 손을 덥석 잡으며 말했어요.

"내 당장이라도 몇 시인지 알려 줄 테니 어서 따라오시게."

명석이는 내 손을 끌고 씩씩하게 걸어갔어요. 하지만 기차 밖에는 창문 너머로 봤던 이상한 바가지만 있었어요.

"이 바가지 말고는 아무것도 없잖아!"

"이게 바로 앙부일구일세. 앙부일구란 가마솥 모양의 해시계라는 뜻으로 1434년 10월 세종대왕이 처음 만들었지. 임진왜란 때 사라진 것을 현종 때 다시 만든 앙부일구는 보물 845호로 지정되었네."

"해시계라면 막대를 땅에 세워 놓고 그림자를 보고 몇 시인지 알아맞히는 거 말이야? 그거라면 훨씬 더 옛날 옛날에도 있었다고."

명석이는 잔뜩 들떠서 말했어요.

"그건 판판한 해시계고, 앙부일구는 오목 해시계라네. 게다가 막대 말고 시침이 북쪽으로 휘어져 있단 말일세."

나는 한숨을 몰아쉬었어요.

'해가 떠 있으니 그림자가 생기는 건 당연하잖아.'

"안으로 오목하게 들어간 덕분에 시침의 그림자가 더욱더 잘 보이지. 게다가 시간뿐 아니라 계절 또한 알 수 있단 말일세."

명석이는 내 손을 끌고 앙부일구가 놓인 돌 위에 올라섰지요.

"우리 두 시간이 옛날 사람들한테는 한 시간이라네. 우리는 하루를 스물네 시간으로, 옛날 사람은 열두 시간으로 쪼갠 걸세. 열두 시간을 다시 초와 정으로 나누고, 그것을 또 각으로 나눴지. 자, 축, 인, 묘, 진, 사, 오, 미, 신, 유, 술, 해. 앙부일구 둘레에 빙 돌아가며 쓰인 한자가 보이는가? 이를 십이간지라 하고, 차례대로 쥐, 소, 호랑이, 토끼, 용, 뱀, 말, 양, 원숭이, 닭, 개, 돼지를 가리키지. 열두 띠 이름으로 시간을 알렸던 게야."

"그냥 한 시, 두 시 하면 되지 뭐가 이렇게 복잡해?"

"하나도 복잡할 거 없네. 여기 세로로 그어진 시각선 보이나? 모두 일곱 줄로 시를 나타내지. 차례대로 묘시(토끼: 5~7시), 진시(용: 7~9시), 사시(뱀: 9~11시), 오시(말: 11~13시), 미시(양: 13~15시), 신시(원숭이: 15~17시), 유시(닭: 17~19시)를 가리키지."

"그런데 왜 술시, 해시, 자시, 축시, 인시는 없는 거야?"

"그건, 해가 없는 밤에는 그림자가 안 생기니까 밤에 속하는 술시(개: 19~21시), 해시(돼지: 21~23시), 자시(쥐: 23~1시), 축시(소: 1~3시), 인시(호랑이: 3~5시)에는 시각선이 없는 거야."

"그렇구나!"

"여기 오목한 곳에 가로로 그어진 줄 보이나? 철을 알려 주는 줄로 가장 바깥쪽에 있는 줄이 동지, 가장 안쪽 줄이 하지라오. 여름인 하지에는 해가 높이 뜨니 그림자가 짧지. 반대로 겨울인 동지에는 해가 낮게 떠서 금방 기울어지니 그림자가 길 수 밖에 없다네."

명석이 말이 너무 복잡해서 귀에 쏙쏙 안 들어왔어요. 앙부일구에 있는 그림자를 보면 시간을 알 수 있다는 이야기 같았지만, 정확히 지금 몇 시인지는 알 수가 없었어요.

"그래서 지금이 몇 시라는 거야?"

"조금만 기다려 보게. 오시면 점심 무렵이니까……, 음……."

명석이는 앙부일구 그림자를 읽으려고 바짝 다가섰어요. 이때 커다란 구름이 하늘을 가득 덮는 게 아니겠어요? 또렷하고 새까맣게 보이던 그림자가 싹 사라져 흔적조차 안 남았어요.

"에계, 이게 뭐야."

"저 구름이 지나갈 때까지 기다려야 할 것 같군."

"그럼 그렇지. 구름 조금 꼈다고 이 모양이라니……."

고물만 박사가 창문 밖으로 고개를 내밀고 말했어요.

"그래서 또 다른 시계를 만들게 됐지. 낮뿐 아니라 밤에도 시간을 잘 알려 주는 시계를 말이야. 제대로 된 시계를 보여 줄 테니 어서 타거라. 그 시계가 얼마나 훌륭한지 알려면 낮에서 밤으로 바뀌는 때에 가는 게 딱이거든."

"오호라, 밤이든 낮이든 믿음직스러운 자격루를 잊고 있었네."

"어디든 좋으니 빨리 떠나요."

앙부일구에 실망한 나는 날쌔게 기차에 올라탔어요. 게다가 명석이와 고물만 박사가 입을 모아 칭찬하는 것을 보니 앙부일구보다는 그럴듯한 물건일 것 같았거든요.

자격루

물이 시간을 알려 준대?

기차는 한참 동안 달리고 달려 노을이 지는 역으로 다가갔어요. 역 둘레에는 야트막한 담이 커다란 성을 따라 삥 둘러싸여 있었지요. 담을 따라 있는 크고 작은 집들이 마치 동화 속에 나오는 작은 나라 같았어요.

"저기 아래 보이는 게 바로 내가 말한 시계야."

"대체 시계가 어디 있다는 거지?"

"저기 저게 바로 자격루라네."

명석이 손가락이 가리키는 쪽을 보니 이상하게 생긴 조각이 있었어요. 커다란 두 항아리 밑에 작은 항아리 둘, 그 밑에 기다란 막대가 꽂힌 물 잔처럼 생긴 커다란 통이 이어져 있었지요.

"저게 시계라니, 말도 안 돼."

"커다란 항아리에 있는 물이 작은 항아리를 지나 저 아래 있는 통까지 흘러가서 시간을 알려 주지."

"딱, 대걸레 빠는 데 쓰면 좋겠네. 커다란 항아리를 수도꼭지 밑에 놓고 막대 대신 대걸레를 꽂아 놓고 위에서 꽉꽉 누르면 아주 깨끗하게 빨아질 것 같아. 호호호."

"어허, 그게 무슨 말인가. 자격루가 시간을 알려 주는 모습을 보면 그런 엉뚱한 생각을 못할 거네."

기차가 역에 멈추자 자격루를 보려고 따라 내렸어요.

'앙부일구랑 다를 바 없어 보이지만 혹시 모르니까.'

나와 명석이는 열린 성문을 지나 자격루가 있는 앞마당으로 걸어갔어요. 자격루 앞에는 아주 똑똑해 보이는 아저씨가 멋진 옷을 입고 자격루를 지키고 있었지요.

'저 아저씨들이 자격루를 보고 시간을 알려 주는 모양이군.'

자격루는 시간을 한눈으로 쏙 볼 수 있는 앙구일부에 견주어 많이 복잡해 보였어요. 명석이가 연필꽂이 같은 통에 꽂혀 있는 막대를 가리키며 말했어요.

"저기 저 막대가 움직이면서 시간을 알려 줘."

"그럼, 막대가 잘 보이는 저 통 앞에서 보면 좋겠다. 저 집 꼭대기에서 보면 잘 보일 거야."

"집? 저곳은 사람들이 들어갈 수 있는 곳이 아닐세."

명석이 내 팔을 잡고 큰 소리로 말했어요. 난 명석이 팔을 힘차게 뿌리쳤어요.

"왜 못 들어가?"

나와 명석이가 싸우고 있는 사이 커다란 종소리가 들렸어요.

"땡!"

난 너무 놀라 소리가 난 쪽을 바라보았어요. 종소리는 내가 올라가겠다고 우겼던 집 꼭대기에서 울렸어요. 나는 그 집을 찬찬히 살펴보고는 깜짝 놀랐어요. 아래쪽 문으로 무언가 불쑥 튀어나와 있었어요.

"헉! 저게 뭐야?"

"닭 인형 아닌가. 닭 인형이 나와 있는 것을 보니 벌써 유시가 된 모양이군."

"인형만 봐도 몇 시인지 알 수 있어? 난 또 저 아저씨들이 자격루를 보고 종소리로 시간을 알려 주는 줄 알았지."

"알고 보니 참 재미있는 친구로군. 시간을 알려 주는 장치가 있는 곳에 들어가려고 하질 않나, 멀쩡히 하루에 열 두 번씩 시간을 착착 알려 주는 자격루를 초침 분침 없는 시계로 생각하질 않나."

"저 집도 자격루의 한 부분이야? 내가 어떻게 시간 맞춰서 인형이 올라오는지 종이 울리는지 알아?"

나는 창피해서 명석이를 살짝 밀었지요. 그러자 명석이는 세게 떠밀린 것처럼 날아가서 자격루 지킴이 아저씨한테 탁 부딪치는 게 아니겠어요?

"자격루를 보고 놀란 모양이구나. 때마다 종을 치고 시간 맞춰서 다른 인형이 튀어나오는 힘이 어디서 생기는지 알아?"

명석이가 손가락으로 항아리를 가리켰어요. 아저씨는 빙그레 웃으며 말했어요.

"그래, 저 항아리 안에 들어 있는 물이 자격루를 움직이는 거야. 떨어지는 물은 힘이 있거든."

"진짜요?"

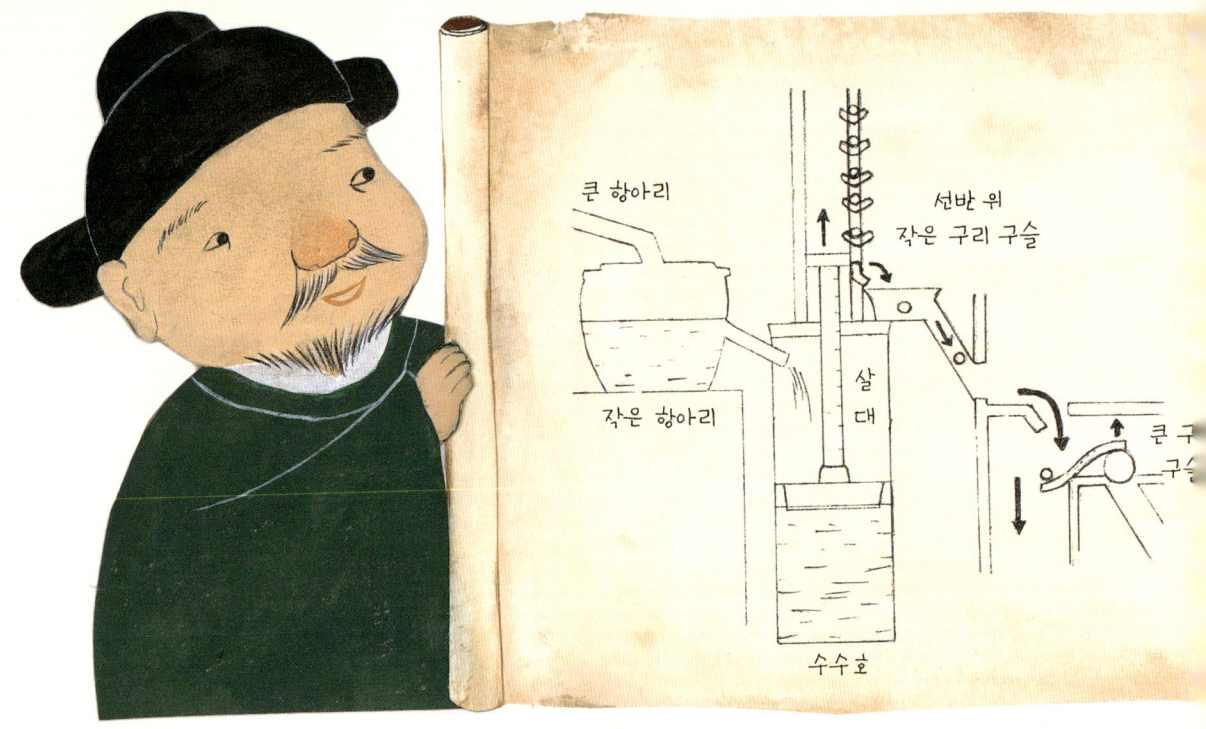

아저씨는 빙그레 웃으며 커다란 그림을 보여 주었어요.

"자격루는 물의 힘으로 움직이는 물시계야. 왼쪽 그림을 봐라. 큰 항아리에서 흘러내리는 물이 작은 항아리를 지나 수수호에 고이지. 수수호 안에 물이 차오르면 살대가 조금씩 떠올라. 살대가 떠오르면 선반을 건드리지. 가운데 그림을 보면, 선반 위에 있던 작은 구리 구슬이 위에서 아래로 떨어져 큰 구슬을 건드리지. 가운데 그림을 보면, 큰 구리 구슬이 떨어지면서 종과 이어져 있는 첫 번째 지렛대를 눌러 인형이 종을 치게 해. 그런 다음 두 번째 지렛대를 눌러서 아래 문 안에 숨어 있던 동물 인형을 밖으로 내보내는 거야."

"가만히 둬도 잘 움직일 텐데, 왜 사람이 지키고 있어요?"

"자격루는 사람 손을 거의 안 빌리고 물이 누르는 힘을 아주 잘 지켜 주고, 두 시간마다 십이간지 인형으로 착착 시간을 알려 주지. 언제나 정

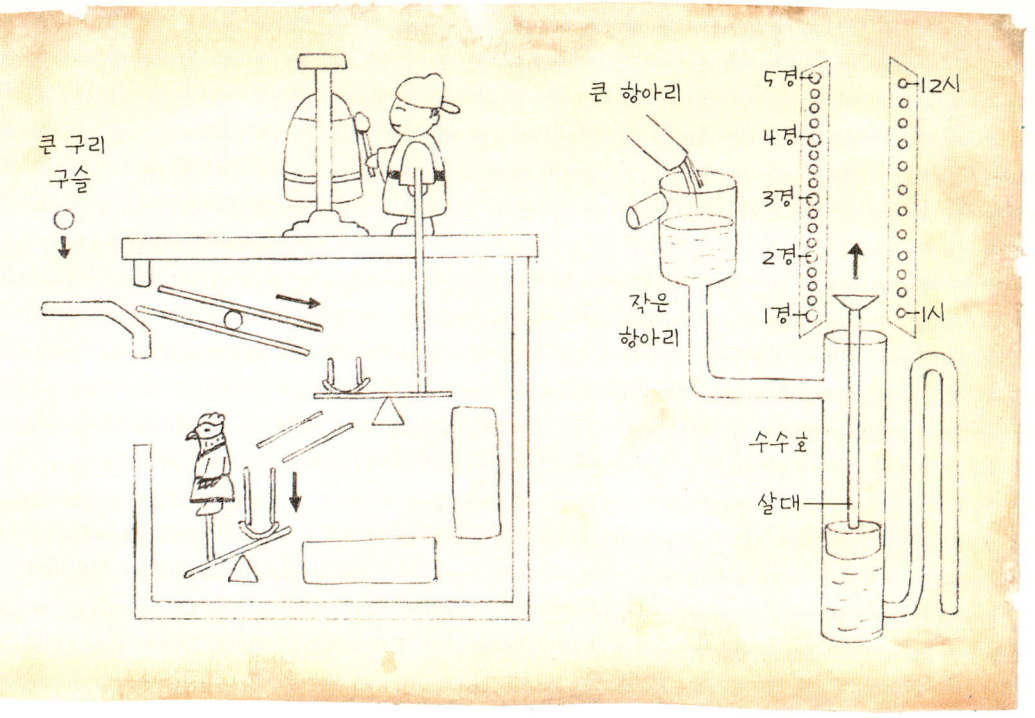

확한 시간을 알려면 잘 돌봐 줘야 해. 물시계는 항아리 속에 있는 물이 누르는 힘이 언제나 비슷하게 지켜져야 떨어지는 물 양도 언제나 비슷하고, 물 양이 정확해야 시간이 딱딱 맞지. 그러려면 네 항아리 안에 있는 물 양을 비슷하게 해 줘야 해."

"그것만 맞춰 주면 되나요?"

"물 양을 잘 살펴야 할 뿐 아니라 살대도 철에 따라 바꿔 줘야 한단다. 철에 따라 밤 시간을 알려 주는 경과 점의 길이가 달라지거든. 자격루는 낮뿐 아니라 밤에도 시간을 알려 준다고 했지? 해가 지면 북과 징으로 시간을 알려. 해가 질 때부터 해가 뜰 때까지 밤을 5경으로 나누고 저마다 경을 또 다시 점을 다섯으로 나눈단다. 이를테면 1경 3점이면 북이 한 번, 징이 세 번 울리지. 밤에 시간을 알려 주는 자격루가 없다면 무엇을 기준으로 성문을 열고 닫겠어?"

자격루 지킴이 아저씨는 믿음직한 친구를 대하는 것처럼 자격루를 바라보았어요. 나와 명석이는 넋을 잃고 자격루를 보았지요. 아저씨 이야기를 듣고 보니 자격루가 더욱 신기했어요.

"시간이 좀 더 지나면 성문을 닫을 게야. 늦기 전에 집으로 어서 돌아가거라."

자격루 지킴이 아저씨는 나와 명석이 손을 잡고 성문 앞까지 손수 데려다 주었어요. 기차로 돌아오는 길에 명석이가 말했지요.

"정말 대단하지? 아쉽게도 시간에 맞춰 종을 치고, 북을 치고, 징을 치던 자격루는 장영실이 죽은 뒤로 다시는 제 구실을 할 수 없었다네."

"도대체 왜?"

"고장 나도 고칠 만한 기술이 있는 사람이 아무도 없었기 때문이라더군."

"옛날 옛적에 만든 물건이니 별 수 없지."

"항아리 안에 물이 있는 한 끝없이 움직이는 이 엄청난 물건을 보고 고작 한다는 소리가 그거요? 물이 시간을 알려 준다는 게 놀랍지도 않소? 게다가 지구가 한 바퀴 자전하고 공전하는 일과 물 떨어지는 속도가 딱 맞아떨어진다니, 이보다 더 과학이 어디 있단 말이오?"

솔직히 건전지가 들어 있는 것도 아니고 태엽을 감아 주는 것도 아닌데, 떨어지는 물의 힘만을 써서 움직인다니 정말 놀라웠어요. 고물만 박사가 아주 다정한 목소리로 물었어요.

"정말 대단하지?"

"대단하다 뿐이오. 저절로 눈물이 다 나더이다."

명석이는 입에 침이 마르게 자격루를 칭찬했어요.

"새롬아, 너는 어때?"

난 어쩐지 명석이처럼 대놓고 감탄하면 자존심이 구겨질 것 같았어요. 일부러 아무렇지 않은 척 큰소리를 쳤어요.

"복잡하게 생긴 물건이라면 당연히 그쯤은 해야지요!"

"그렇단 말이지. 하지만 다른 사람들은 새롬이처럼 우습게 생각하지 않았나 보다. 중종 때 만들어진 보루각 자격루가 국보 229호가 된 것을 보면 말이야. 그럼 내가 아주 단순하고도 위대한 과학 문화재를 보여 주마."

고물만 박사는 기관실 쪽으로 마구 달려갔어요.

'나 지금 큰 실수한 것 같아. 그냥 솔직하게 말할걸.'

"설마 저 깡통이 박사가 말한 과학 문화재는 아니겠지?"

나는 종이로 된 우산을 쓴 채 네모난 돌 위에 놓여 있는 통을 보며 말했어요. 명석이는 깜짝 놀라며 소리쳤어요.

"아니, 세상에 측우기를 보고 깡통이라니……."

"아하, 저게 측우기였구나. 그런데 저 깡통이 측우기라고? 저기 네모난 돌까지 아울러 측우기라고 하는 게 아니고?"

나는 교과서에서 본 측우기를 뒤늦게 떠올렸어요. 측우기라면 세종대왕 때 만들어진 문화재라는 것쯤은 알고 있었어요.

"자네가 말한 깡통이 바로 측우기일세. 그 아래 있는 것은 측우기를 올려 놓는 측우대라고 하지. 아주 훌륭한 과학 문화재라네."

나는 이리저리 생각해 보았어요. 측우기라는 이름은 들었지만 어디에 쓰는 건지는 기억이 잘 안 났어요.

"측우기에 무슨 과학이 담겨 있다는 거지?"

측우기를 꼼꼼히 뜯어보고 있는데 명석이가 또 눈치 없이 큰 소리로 외치지 뭐예요.

"세상에 측우기도 모르다니, 어찌 그럴 수 있는가?"

"알아. 그래, 잠……, 잠깐 깜빡한 것뿐이야. 넌 그럴 때 없냐?"

"그래도 측우기처럼 귀중한 것을 어떻게……."

"난 이게 왜 과학 문화재인지 잘 모르겠는걸."

나는 고개를 갸우뚱하며 측우기를 다시 한 번 살펴봤어요.

"측우기는 비 양을 재는 도구로, 지금까지 남아 있는 측우기는 기상청에 있는 쇠로 만든 금영측우기뿐이네. 워낙 소중한 문화재이다 보니 보물 561호가 되었다지. 측우기는 1442년 세종대왕 때 발명됐네. 그 무렵 세계 어느 나라에서도 찾아볼 수 없던 놀라운 발명품이니 아주 귀한 것일세. 유럽에서는 우리보다 훨씬 늦은 1639년부터 측우기를 써서 떨어지는 비 양을 쟀소. 우리나라가 유럽보다 200년쯤 빨리 측우기를 쓴 셈이지."

"보기보다 대단하구나. 하지만 굳이 측우기를 안 써도 비 양쯤은 너끈히 잴 수 있을 것 같은데……."

"물론 잴 수는 있겠지만 측우기가 아니라면 떨어지는 빗물 양을 정확하게 잴 수는 없다네."

척 봐도 엉성하게 대충 만든 것 같은 측우기에 과학이 담겨 있다니 도무지 안 믿어졌어요.

"대체 그전에는 어떻게 비 양을 쟀는데?"

"측우기를 발명하기 전에는 지방마다 비가 얼마만큼 내렸는지 알아내는 일이 무척 힘들었지. 하늘에서 떨어진 빗방울이 흔적도 없이 땅에 스며드니까. 비가 얼마나 내렸는지, 얼마나 깊은 곳까지 스며드는지를 꼼꼼히 알아내는 일이 그리 쉽겠소? 게다가 흙에 따라 땅이 얼마나 젖는지도 모두 다르고 말이야. 1442년에 측우기를 만들어 서울과 여러 도읍마다 둔 뒤로는 비가 오는 날, 측우기 속에 괸 빗물 깊이를 재기만 하면 비가 얼마나 왔는지 알 수 있었으니 얼마나 편한가?"

땅에 떨어진 빗물을 재는 것보다는 측우기에 모인 빗물 양을 재는 쪽이 더 정확해 보였어요. 빗물이 얼마나 스며들었는가를 사람 눈으로 알아보는 방법보다야 백 배 천 배 괜찮은 것 같았어요.

"뭐 그냥 두는 것보다야 측우기가 과학 면에서는 더 정확했겠네. 그런데 왜 비 양을 재는 거야?"

명석이는 헛기침까지 해 가며 제법 의젓한 얼굴로 말했어요.

"그건 자고로 나라가 잘되려면 물을 잘 다스려야 하기 때문이지."

"물을 다스려?"

좀 이상했어요. 물을 다스리는 일이라면 커다란 댐을 만든다든가, 아니면 상·하수도를 편리하게 만든다든가 하는 쪽이 더 중요하고 과학에도 맞는 것 같았거든요.

"비 양을 재는 거랑 물을 다스리는 게 어떻게 같아?"

"우리나라는 철마다 비와 눈이 오는 양이 다르지 않은가. 어떤 때는 비가 너무 안 내려 물이 모자라서 농사를 제대로 못 짓고, 또 어떤 때는 비가 너무 많이 내려 물이 불어나 모든 것을 휩쓸어 가 버리지. 그러니 얼마나 많은 비가 올지 미리 짐작하는 게 물을 다스리는 것 아니겠나?"

이야기를 듣고 보니 측우기도 제법 그럴듯한 문화재처럼 느껴졌어요. 하지만 조상들의 과학이 숨어 있다고 하기에는 너무 단순하게 보였지요.

"그럼 측우기로 어떻게 비가 오는 양을 짐작할 수 있어?"

"저기 그게 말이다……. 떨어지는 빗물이 저 통 안에 고이면 그걸 재면 되거든……."

"오늘 온 비 양은 알 수 있다고 치자고. 그런데 어떻게 아직 안 내린 비 양도 미리 알 수 있어?"

"그러니까. 그게……."

명석이 목소리는 조금씩 기어 들어가듯 작아져서 빗소리에 묻혀 안 들렸어요. 나는 빗소리에 묻힐까 봐 있는 힘을 다해 고래고래 소리쳤어요.

"안 내린 비 양을 어떻게 알 수 있냐고!"

"어, 그건 말이야……."

조금 뒤 비가 그치고 하늘에는 커다란 무지개가 떴어요. 관복을 입은 아저씨들이 커다란 자를 들고 부지런히 몰려나왔지요. 아저씨들을 보자 명석이 얼굴이 환해졌어요.

"어떻게 비 양을 미리 알 수 있는지 저 아저씨들이 잘 알려 줄 거라네."

명석이와 나는 아저씨들한테로 가까이 다가갔어요. 측우기 둘레에 모여 도란도란 이야기를 하고 있었어요. 한 아저씨가 하늘을 올려다보며 말했어요.

"내가 그럴 줄 알았네. 자네가 어쩐지 이상한 얼굴로 측우기와 측우대를 번갈아 보고 있더구먼."

"호호호, 난 뭐든지 잘 알고 있어. 다만 퍼뜩퍼뜩 생각이 안 날 뿐이지. 측우기는 위치가 중요하지. 모양이나 크기가 중요한 게 아니야."

"하하하, 측우기 모양과 크기가 정확하게 정해져 있어야 서울뿐 아니라 다른 지방의 비 양도 정확히 잴 수 있지 않겠는가? 서울에서는 관상감에서 비 양을 재는 일을 하지만, 도마다 관아에 측우기를 두고 비 양을 쟀다네."

한 해에 백 번만 비가 온다고 해도 서울뿐 아니라 다른 지방에서도 측우기로 비 양을 쟀다면 정말 엄청난 기록이 모일 것 같았어요.

"지방끼리 비 양을 견줄 수도 있겠네?"

"그래 바로 그거야. 그뿐 아니라 과거와 지금을 견주어 앞으로 얼마나 비가 많이 올지도 알 수 있고, 또한 언제쯤 식물을 논과 밭에 심어야 하는지도 알 수 있었지."

"이야, 정말 대단한 일을 하는군. 비 양을 아는 일이 조선 시대에는 정말 중요했나 봐."

"물론이지. 처음 측우기를 만들 때는 쇠붙이로 만들었어. 뭐 나중에는 구리로도 만들기도 했지. 들은 바에 따르면 지방에는 도자기를 구워 만든 측우기도 있었다더군."

"마찬가지로 크기와 모양이 똑같았겠지? 하기야 해마다 정확한 정보를 모으려면 그건 기본이겠지."

관복을 입은 아저씨들이 즐거워서 떠드는 나와 명석이를 보더니 슬그머니 다가왔어요.

"나쁜 곳에 안 쓴다고 약속하면 내 일지를 보여 줄 수도 있는데 어떠냐?"

나와 명석이는 두말 없이 고개를 끄덕였어요. 명석이가 아저씨 손을 꼭 잡고 반짝이는 눈망울로 바라보았지요.

"제발 부탁드려요."

아저씨는 환하게 웃으며 손짓했어요.

"그래, 보여 주마."

아저씨가 보여 준 장부에는 날짜와 그날 내린 비 양이 빼곡히 적혀 있었어요.

"이 장부 앞쪽에는 작년 이맘때 왔던 비 양도 적혀 있단다. 물론 그 해의 날씨도 적혀 있지. 측우기를 써서 비 양을 잰 뒤부터는 홍수나 가뭄 때문에 생기는 피해가 반으로 줄었단다."

나는 새삼스럽게 놀랐어요. 내가 좋아하는 과학이 날씨를 알아맞히는 일까지 하는 줄은 꿈에도 몰랐거든요.

'일기 예보도 과학이구나.'

기차 안에 돌아와 창 너머로 측우기를 바라보니 금세 그나마 생겼던 마음이 온데간데없이 사라졌어요.

'저렇게 허술하게 생긴 게 큰일을 하다니 믿을 수 없어. 과학은 무슨 과학, 고작 빗물 고인 양을 적어 놓은 게 사람들한테 무슨 큰 도움이 되겠어.'

나는 세게 고개를 가로저었어요. 고물만 박사는 쯧쯧거리며 내 얼굴을 바라봤지요.

"어허, 과거에도 과거 나름의 과학이 있다니까. 끝내 못 믿겠다는 눈치네."

난 미안한 마음에 얼른 고개를 숙였지만 박사 말을 그대로 믿을 수는 없었어요.

"좋아. 이번에는 새롬이 네가 좋아할 만한 멋진 문화재를 내가 손수 안내해 주지."

고물만 박사는 기차 속도를 올리며 큰 소리로 외쳤어요.

"다같이 출발!"

첨성대

밤하늘에 별이 총총

기차는 불빛 하나 안 보이는 아주 작은 역과 차츰차츰 가까워졌어요. 그 역은 어찌나 작고 어두운지 어둠 속에 파묻혀서 잘 안 보였어요. 게다가 역이면 마땅히 걸려 있어야 할 이름도 어디론가 사라져서 안 보였어요.

"후유! 여기는 또 어디일까?"

"글쎄, 어디인지 나도 잘 모르겠구려."

창문에 바싹 붙어서 역을 바라보았어요. 보면 볼수록 작고 어두워서 어쩐지 쓸쓸하고 무서워 보이는 역이었어요.

"명석아, 지금까지 본 역들과는 영 다르다. 그치?"

"이런 역은 나도 처음 보는 것 같군."

나와 명석이는 창문 밖으로 고개를 내밀었어요. 기관실이 있는 기차 앞쪽에서 뿜어져 나오는 불빛이 역을 환하게 비추었어요. 시원한 공기가 아주 상쾌했어요.

"좀 졸렸는데 상쾌해지는 것 같네."

"봐. 불빛을 비추니 제법 예쁜 역 같지?"

"칠이 벗겨졌지만 아주 아기자기하게 만들어 놓은 역 같아."

마음속에 가득 찼던 걱정들이 싹 사라지는 것 같았어요. 깜깜하고 무서워 보이는 역에 어떻게 내려야 할까 살짝 아주 살짝 걱정하고 있었거든요. 기차가 역에 다다르자 갑자기 역을 비추던 기차 불빛이 꺼져 버렸어요.

"어?"

기차 안의 모든 불까지 갑자기 확 꺼져 버렸어요.

"엄마야! 난 몰라. 깜깜한 게 세상에서 가장 무섭단 말이야.'

온몸이 바들바들 떨렸어요. 두 눈을 꾹 감고 이를 악물었어요. 그러고는 두 손으로 입을 꼭꼭 틀어막았어요.

"으으으으으으."

안 그랬다가는 창피하게 큰 소리로 엉엉 울 것만 같았거든요. 명석이가 큰 소리로 기관실 쪽에 소리쳤어요.

"고물만 박사, 무슨 일이 났소?"

"걱정 마! 느긋하게 창밖이나 구경하고 있어."

"밖에 뭐가 있다고 구경하란 말이에요."

나는 너무 무서워서 큰 소리로 외쳤어요. 박사가 촛불을 들고 나타나더니 능글맞게 웃었어요.

"둘레에 온통 별이 가득한데 왜 볼 게 없어."

촛불 덕분에 기차 안이 환해지자 마음이 가라앉았어요. 내가 무서워했다는 걸 아무도 눈치 못 챈 것 같았어요.

"박사, 하늘에 구름이 가득해서 별을 볼 수 없잖소. 딴 역에도 별은 있는데, 왜 이번 역에서만 이 기차 안의 불을 모두 끈 것이오?"

"흐흐, 그건 기차 밖으로 나가 보면 알 수 있어. 어두우니 조심해서 날 따라와."

나와 명석이는 손을 꼭 잡고 박사를 조심조심 따라갔지요. 어두운 길을 걷고 걸어 자그마한 탑이 보이자 박사는 걸음을 멈췄어요. 명석이가 환하게 웃으며 말했지요.

"저건 경주 첨성대잖소. 국보 31호로 별을 살피는 곳이라네."

"원래는 내가 기차에서 절대로 내리면 안 되지만 이번만은 특별히 새롬이 때문에 내린 거다."

"네네, 고맙습니다."

난 무척 신이 났어요. 로봇 다음으로 좋아하는 것이 별이었거든요. 하지만 첨성대는 남아 있는 천문대 가운데 동양에서 가장 오래된 거라는데, 좀 시시하게 보였어요.

"정말 저 우물처럼 생긴 곳에서 별을 본 거예요?"

"물론이지. 첨성이라는 말이 별을 살핀다는 뜻이니 말이야. 우리나라 사람들은 삼국 시대부터 별을 관측할 수 있는 건물을 만들었지. 그 가운데 지금까지 남아 있는 것은 저기 저 경주 첨성대란다. 물론 세계에서 가장 오래된 천문대이기도 하지. 또한 이음새에 흙이나 다른 것은 안 넣고 화강암만으로 차곡차곡 쌓아 만들어서 아주 튼튼해. 신라 선덕 여왕 때 만든 게 아직까지 저렇게 멀쩡히 있는 걸 보면 말이야."

박사 말대로, 생긴 것은 별로지만 튼튼해 보였어요.

"천문대라면 별을 관측하는 건물을 말하는 거죠?"
"그래. 네 말이 맞다."
박사가 신이 나서 내 머리를 손으로 마구 쓰다듬었어요. 나는 아주 잠깐 으쓱해졌지요. 달을 가리고 있던 구름이 사라져 둘레가 환해졌어요.
"어서 별을 보러 가자."
박사는 들고 있던 촛불을 끄고 첨성대로 다가갔어요. 박사는 첨성대 밖에 있는 사다리를 타고 올라가더니 눈 깜짝할 사이에 사라졌어요.
"밖에 있는 사다리를 타고 안으로 들어와. 안에 또 다른 사다리가 있을 거야. 그거 타고 올라오면 여기 꼭대기에 올라올 수 있어."
첨성대 꼭대기에서 박사가 손을 흔들며 소리쳤어요. 나와 명석이는 멍한 얼굴로 서로 바라보았지요.
"뭐 하고 있어. 어서 올라와."
'만약 올라가다가 와르르 무너지면 어떡하지?'
명석이는 박사 말이 떨어지기 무섭게 날쌔게 올라갔어요. 나도 뒤따라 올라가 보려고 했지요. 하지만 부서질 것만 같은 사다리가 마음에 걸렸어요. 그래서 일부러 큰소리를 쳤지요.
"고작 그만큼 올라간다고 뭐가 달라지겠어요. 전 그냥 여기 넓은 곳에서 볼게요."
고물만 박사는 큰 소리로 웃었어요.

"마음대로 해라. 너처럼 말하는 사람들도 있기는 하지. 땅에서 고작 9미터 올라간다고 하늘이 더 가깝게 보이는 것도 아니니 첨성대가 천문대일 리 없다고 말이야. 차라리 오르기 쉽게 널찍한 대를 세우고 계단을 만드는 것이 별을 보기에는 더 좋으니까. 옛날 사람들한테도 천문 관측은 중요한 일인데, 삼국사기에 첨성대에 얽힌 이야기가 없는 것으로 봐서 천문대는 아니라는 이야기도 있지."

박사 말대로 첨성대가 천문대가 아닐지도 모른다는 생각이 들었어요. 하지만 재미있게 생긴 건물임에는 틀림없었어요.

"천문대가 아닐지는 몰라도 첨성대를 만들려면 과학이 필요했을 것 같아. 아니면 어떻게 저런 자연스러운 곡선을 만들 수 있겠어."

구름이 슬슬 달빛을 가리자 혼자 있는 게 무서워졌어요. 게다가 바람이 거세게 부는 통에 흙먼지가 날리자 오싹해졌지요.

'에라, 모르겠다.'

나는 뒤늦게 허둥지둥 첨성대 위로 올라갔어요.

"왜 나만 두고 저 높은 곳에 올라가서는 날 귀찮게 하나 몰라."

첫 번째 사다리를 올라 안으로 들어가자 바닥에 단단한 돌이 깔려 있었어요. 첨성대 안쪽 벽은 바깥과는 달리 울퉁불퉁한 돌로 되어 있었어요.

"바깥쪽 돌만 매끈하게 갈아 놓고, 안은 그대로 두었네. 이 안쪽도 매끈하게 다듬어 놓았으면 안도 쓸모 있었을 텐데, 아깝다."

그러자 고물만 박사가 아래를 내려다보면서 말했어요.

 박사 말에 용기를 내서 부들거리는 팔다리에 온 정신을 모아 조심조심 위로 올라갔어요. 떠올렸던 것과 달리 첨성대 위쪽은 텅 비어 있고 마루처럼 널따란 널빤지가 걸쳐 있을 뿐이었지요.
 '세상에 어떻게 저 위에서 아무렇지도 않게 앉아 있는 거야.'
 "어서 올라오게. 자네가 올라와야 이 판을 제대로 닫을 수 있네."

"꼭 이렇게 올라가야만 하는 거예요? 위험하고 불편하잖아요."

"진정하게나. 우리가 들어온 문은 첨성대에서 밖으로 뚫려 있는 하나뿐인 문이야. 딱 남쪽으로 뚫려 있지. 옛날 사람들도 우리가 올라온 것처럼 사다리를 타고 올라온 다음 아래에서 사람들이 못 올라오게 널빤지를 걸치고 별을 관측했을 거라고 하더군."

나는 조심조심 널빤지 위에 올라섰어요. 자리를 잡자 박사는 접혀 있던 널빤지를 펼쳐서 바닥을 몽땅 가렸어요. 박사는 주머니 속에 있던 커다란 종이 뭉치를 꺼내 펼쳐 놓았어요.

"새롬이가 왔으니 약속대로 보여 주지."

"이게 바로 국보 228호인 천상열차분야지도 각석 탁본이란다. 탁본이란 판에 새겨진 것을 먹칠해서 찍어 낸 것을 말하지. 쉽게 말해서 비석 같은 것을 판으로 해서 찍어 낸 판화 같은 거야. 이 안에는 하늘에 있는 모든 별과 별자리가 그려져 있지. 우리 조상들은 별들도 저마다 특별한 뜻을 지니고 있다고 생각했거든. 그래서 별의 빛깔이나 위치가 달라지는 것 같이 작은 변화를 꼼꼼히 관찰하고 그것을 삶에 비추어 생각했단다. 이를테면 궁녀를 상징하는 별들이 있는 자리에서 어떤 별 하나가 유난히 반짝이면 왕의 사랑을 받는 궁녀가 나타날 거라고 짐작했지."

"하지만 과학과는 거리가 먼 것 같아요."

"옛날에도 요즘처럼 별자리로 점을 보듯이 별들을 보며 점을 치기도 했거든. 하지만 24절기를 정하고 별똥별이 나타나는 것을 관찰하는 것같이 제대로 된 천문학 관측도 했단다."

나는 말없이 고개를 끄덕였어요. 그러고 보니 천상열차분야지도는 내 방 벽에 붙어 있는 별자리 지도랑 무척 비슷하게 생긴 것 같았어요.

"지금 내가 들고 있는 천상열차분야지도 탁본은 조선 숙종 때 천상열차분야지도에서 찍어낸 거란다. 그런데 사실 태조의 천상열차분야지도는 고려 시대 때 만들어진 천상열차분야지도를 바탕으로 만든 거지. 따지고 보면 고려 시대에 이처럼 훌륭한 천문도를 만든 셈인 거야. 비록 첨성대를 천문대로 안 보는 학자들도 많지만 삼국 시대에도 천문학이 있었던 것만은 틀림없단다. 자, 이제 그만 내려 가자."

고물만 박사는 아쉬워하는 나와 명석이 손을 잡고 기차로 돌아왔어요.

'옛날에도 나름대로 과학이라는 게 있었구나.'

첨성대에 숨겨진 비밀을 알고 나니 왠지 이곳에 더 머물고 싶은 생각이 들었어요.

무구정광대다라니경

이 낡은 종이가 문화재라고?

기차에 돌아온 나는 온몸에 힘이 쭉 빠져 버렸어요. 깜깜한 기차 안에서 무서워 바들바들 떤 것으로도 모자라 사다리를 타고 첨성대 위까지 올라갔으니 힘들 수밖에요. 난 어깨며 다리를 토닥토닥 두드려대며 투덜거렸어요.

"아유, 힘들어."

"자네 많이 지친 모양이군."

내가 기차 안에 들어오기가 무섭게 의자 위에 풀썩 쓰러지는 모습을 보며 명석이가 피식 웃음을 터뜨렸어요. 팔도 쑤시고 다리도 아프고 온몸이 욱신욱신했지요.

"잠깐 눈을 좀 붙이게. 역에 다다르면 내가 깨워 줌세."

"고마워."

나는 두 눈을 꼭 감았어요. 덜커덩 덜커덩 신 나게 달리는 기차 소리는 자장가처럼 달콤했어요. 기차가 이대로 내 방 이부자리까지 데려다주면 정말 좋을 것 같았지요.

'아, 행복해.'

시간이 얼마나 흘렀을까요.

"어서 내려라."

어디선가 고물만 박사 목소리가 들려왔어요. 박사 말이 떨어지기가 무섭게 명석이가 자리에서 발딱 일어나는 소리가 들렸어요. 나는 일어나기 싫어서 잔뜩 몸을 웅크렸어요.

'벌써 다 온 거야?'

명석이는 내 어깨를 흔들어 깨웠어요.

"어서 일어나게나."

"으으으흠!"

나는 명석이 목소리를 듣고 두 눈을 더 꼭 감았어요. 몸을 비틀어서 명석이 손길에서 살짝 벗어났지요. 명석이는 있는 힘을 다해 내 몸을 흔들었어요.

"다 오면 내가 깨워 주기로 약속하지 않았나. 어서 일어나게."

'더 잤으면 좋겠는데……. 진짜 질기기도 하지.'

나는 하는 수 없이 눈을 비비며 일어났어요.

"하하하함! 버얼써 다 왔어?"

"어서 감세. 박사가 이번에도 같이 돌아다녀 준다는군."

명석이 말에 더욱더 기차 안에 남고 싶어졌어요.

"지쳐서 그러는데 너 혼자 갔다 오면 안 돼? 난 아주 조금만 더 잤으면 좋겠는데……."

그때 박사가 문을 열고 들어왔어요.

"자, 갑시다. 준비 다 됐지?"

"우리끼리 다녀오라는데 이를 어쩌면 좋소?"

박사는 내 얼굴을 빤히 바라보았어요. 나는 세상에서 가장 지친 사람처럼 얼굴을 내리깔았지요. 박사는 슬그머니 웃었어요.

"그럼 그러든지. 그런데 내가 내릴 때는 기차 안에 모든 불을 끄고 내리는데, 괜찮아?"

나는 갑자기 멈칫했어요. 깜깜하고 텅 빈 기차 안에서 혼자 시간을 보낼 생각을 하니 겁이 덜컥 났거든요.

"그렇다면 저도 같이 가는 게 훨씬 좋겠네요. 명석이가 또 이곳저곳 기웃거리다가 다치거나 넘어지면 안 되잖아요."

"이보게 친구, 그게 무슨 소리인가. 내가 좀 흥분을 잘하기는 하나 그리 말하면……."

"흥분하지 말게."

박사는 차분한 목소리로 이야기하더니 명석이 귀에 작은 목소리로 무어라 속삭였어요. 박사와 명석이는 서로 마주 보고 키득대며 웃었지요. 나는 입을 삐죽거리며 둘을 바라보았어요.

"너 혼자 두고 가는 것보다는 같이 가는 게 훨씬 좋지."

박사는 나를 가슴팍 앞에 세우고 내 어깨를 잡았어요.

"빨리 안 가면 엄청난 볼거리를 놓치게 된다고……."

"잠……, 잠깐만요. 좀 천천히 가요."

박사와 명석이는 내 등을 밀며 빠르게 걸었어요. 난 둘한테 떠밀려서 엄청나게 크고 화려한 절 한복판으로 갔지요.

"이야, 정말 멋지다. 이쯤은 되어야 문화재라고 할 만하지."
"경주 불국사는 언제 보아도 정말 멋지단 말이야."
박사는 흐뭇한 얼굴로 둘레를 둘러봤어요. 명석이가 잔뜩 들떠서 두리번거렸지요.
"여기가 바로 경주 불국사였군요. 저기 석가탑 둘레에 사람들이 모여 있네. 뭘 하고 있는 거지?"
고물만 박사와 나는 명석이가 가리키는 쪽으로 고개를 돌렸어요. 조금 뒤 사람들이 탑에서 돌을 조심조심 들어냈지요. 명석이는 눈을 동그랗게 떴어요.
"아니 탑을 저리 부수면 어찌할꼬. 어서 말리러 갑시다."
명석이는 내 손을 덥석 잡고는 사람들 쪽으로 성큼성큼 걸어갔어요. 박사는 제자리에 서서

두 눈만 껌뻑이고 있었어요.
'명석이보다 더 깜짝 놀라서 뛰어갈 사람이 왜 저러고 있지?'
"어라, 이상하다. 틀림없이 목판을 새기고 있어야 하는데……."
명석이가 탑에서 돌을 빼내는 사람들한테 소리를 지르려고 숨을 크게 들이쉬고 있을 때였어요. 탑 여기저기를 조심스럽게 살피던 어떤 아저씨가 큰 소리로 외쳤어요.
"모두 이리 와서 이것 좀 봐요."

명석이는 화를 내려고 왔었다는 것조차 까맣게 잊고 부리나케 달려갔지요. 내가 명석이를 따라 갔을 때는 벌써 사람들이 조각난 탑 둘레를 에워싸고 있었어요.

"정말 대단한 일이군."

사람들 손에서 손을 타고 덩굴 무늬가 새겨진 아름다운 상자와 함께 달걀 모양의 작은 상자, 여러 구슬 들이 넓은 땅바닥으로 옮겨졌어요.

"안 부서지게 살살 다뤄요."

"올해가 1966년이니까, 세상에 이것들이 얼마나 오랫동안 저 안에 있었던 거야?"

사람들은 탑 안에서 나온 물건들을 보며 저마다 한마디씩 했어요. 고물만 박사가 빙그레 웃으며 말했어요.

"아하, 국보 126호로 정해져 있는 불국사 석가탑 안에서 유물들을 찾아내는 모습이었군."

마지막으로 아주 더러운 종이 뭉치가 탑 안에서 나오는 모습을 보자 사람들이 모두 들떴어요. 내 눈엔 사람들이 이상하게 보였어요. 저 더러운 종이 말고 다른 것들이 훨씬 값비싸 보였는데, 왜 유난히 저 더러운 종이 뭉치를 보며 좋아하는지 모르겠어요. 명석이도 고개를 갸웃거렸어요.

"목판 인쇄물이 나무에 새긴 글자를 찍어낸 것이 맞던가?"

박사가 고개를 끄덕였어요. 명석이는 두 눈을 동그랗게 떴지요.

"그럼 무구정광대다라니경이 팔만대장경보다 귀한 것이오?"

"팔만대장경은 우리나라의 귀한 보물로 고려 시대에 만들어진 뒤, 오랜 시간 동안 변함없이 제모습을 지니고 있기에 귀한 과학 문화재라고 할 수 있지. 하지만 난 무구정광대다라니경이 더 소중한 과학 문화재라고 봐. 석가탑은 751년에 세워졌으니 무구정광대다라니경은 그보다 전에 만들어진 것이라고 볼 수 있거든. 또한 그 시대에 만든 목판 인쇄물이 드물었으니까 더 가치가 높다고 말할 수 있지."

박사는 넋이 나간 얼굴로 무구정광대다라니경을 보며 말했어요.

"폭은 8센티미터쯤 밖에 안 되지만 전체 길이는 620센티미터나 돼. 또한 한 줄에 여덟에서 아홉 글자가 적혀 있어. 둘둘 말려서 오랜 시간을 탑 안에서 보내서 상하기는 했지만, 목판 인쇄술에 담긴 우리 조상들의 과학 지식을 보여 주기에는 조금도 모자람이 없어. 무엇을 써서 종이를 만들었는지, 목판은 무엇을 써서 팠는지, 엄청나게 많은 정보들이 담겨 있거든."

"과학이란 눈에 보이는 것뿐만 아니라 안 보이는 것에도 들어 있다. 이 말씀이죠?"

나는 빙그레 웃으며 박사를 바라봤어요. 솔직히 고물만 박사 말은 알아듣겠어요. 하지만 사람들이 조심스럽게 펼쳐 놓은 무구정광대다라니경를 보면 볼수록 실망스러웠지요. 차라리 오랫동안 안 변하게 잘 보관해 놓은 팔만대장경이 훨씬 더 멋진 과학 문화재 같았어요.

'아무리 봐도 그냥 더러운 종이일 뿐인데, 이게 왜 그렇게 소중하

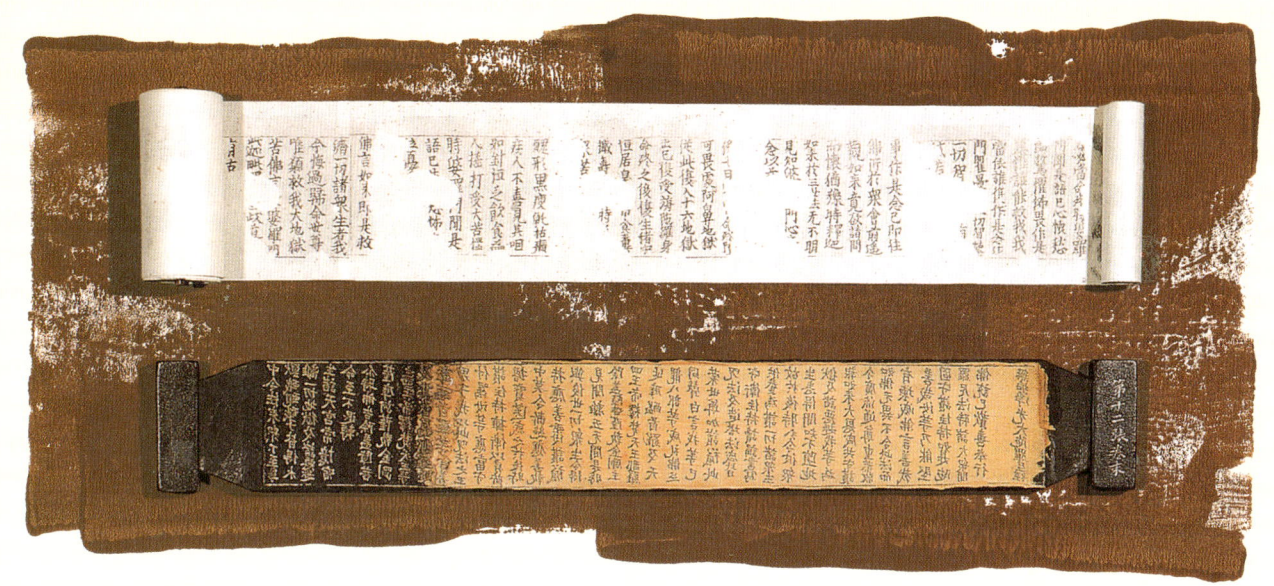

다는 걸까?"

군데군데 심하게 삭아 있어서 글씨를 읽을 수도 없고, 글씨 크기가 조금씩 달라서 들쭉날쭉했어요. 게다가 한 장으로 이어진 종이가 아니라 종이를 여러 장 이어 붙여 놓은 것 같았지요.

"대체 저게 몇 장이지?"

"열두 장이라네. 신라 사람들의 과학 기술은 정말 대단하오. 신라의 백추지(다듬이로 다듬어 부드럽게 만든 하얀 종이)가 질기고 먹물이 잘 스며들어 글씨가 또렷하게 보인다는 이야기를 듣기는 했지만, 이렇게 두 눈으로 보니 정말 뭉클하네. 어떻게 종이로 된 물건이 이리 오랫동안 안 삭고 있을 수 있는지 정말 신비로울 뿐이야."

명석이가 너무 지나치게 칭찬을 하자 몸이 피곤한 탓인지 나도 모르게 말이 불쑥 튀어나와 버렸어요.

"이 낡은 종이가 어디가 과학이라는 거야? 자꾸 과학이라는 위대한 이름에 먹물이나 칠하면 가만 안 둔다!"

명석이가 깜짝 놀라서 내 얼굴을 바라봤어요.

"아니, 이보게. 그렇게 심하게 말하면 어떡하나? 박사가 그리 열심히 설명해 줬는데, 그 정성을 한 번에 무너뜨리다니……."

"저기……, 그러려던 것은 아니었는데……."

난 열심히 둘러댔지만 벌써 박사 얼굴이 어두워졌어요.

고려청자

아저씨
그만 좀 깨세요

기차가 낯선 역에 멈추자 나는 서둘러 자리에서 일어났어요. 명석이는 눈치라도 챘는지 말없이 내 뒤를 따라왔지요. 나는 얌전히 기관실 문을 두드렸어요.

"똑똑똑."

여러 번 문을 두드려도 아무 대꾸가 없자 문을 벌컥 열었어요. 고물만 박사가 의자에 앉아 잔뜩 굳은 얼굴로 책을 보고 있었지요.

"같이 안 가실 거예요?"

미안한 마음에 부드러운 목소리로 물었어요. 박사는 잔뜩 풀이 죽어서는 고개만 가로저었지요.

"그래도……."

명석이가 내 팔을 끌어당기며 작은 목소리로 속삭였어요.

"그냥 우리끼리 구경하고 옵시다. 고물만 박사도 조용히 있고 싶을 때가 있지 않겠소?"

하는 수 없이 명석이가 이끄는 대로 기차에서 내렸어요. 조금 걷다 보니 커다란 흙더미 같은 게 보였어요. 나는 두 눈을 크게 뜨고 살펴봤지만 울타리에 가려 제대로 안 보였지요.

"이야, 저게 뭐지?"

"오호라. 가마 같은데? 어서 가 봅시다."

명석이는 돌부리에 여기저기를 부딪치며 재빨리 걸어갔어요.

가까이에서 보니 흙더미는 정말 커다란 가마였어요. 가마 앞에는 가마 안에서 꺼낸 것으로 보이는 수많은 고려청자들이 쭉 늘어서 있고 웬 아저씨가 그 앞에 조용히 앉아서 고려청자를 바라보고 있었어요.

"저기를 보시게. 진짜 고려청자라네. 어쩌면 저리도 고울까?"

나는 지나치게 들떠 있는 명석이가 참 이상했어요.

"고려청자는 우리나라 대표 유물이자 세계가 인정하는 훌륭한 예술품이지. 세계 어느 나라 박물관에 가도 우리나라 이름과 함께 고려청자가 세계에 이름난 유물들과 어깨를 나란히 하고 있지. 더구나 중국과 일본을 비롯한 동양에서는 고려청자 하면 으뜸으로 손꼽혀. 고려청자를 만드는 비법이 지금까지 고스란히 전해 내려오지 못해 무척 아쉽지만 말일세."

"그럼 이미 만들어진 고려청자들은 정말 귀하겠구나."

"물론 마땅히 귀하고말고, 2006년도 9월에 우리나라에서 가장 비싼 값에 팔린 청자는 자그마치 10억 9천만 원이었다네."

"에계, 고작 그 거야? 난 더 비싼 줄 알았는데……."

"고려청자에 높은 점수를 주었구나?"

"그럼!"

나는 재빨리 명석이 말을 가로채며 큰 소리로 외쳤어요.

"알았으니 그만 말해."

나와 명석이는 가마 앞에 가득 쌓여 있는 청자들을 보며 흐뭇해했어요. 등 뒤에서 시끌벅적한 소리가 들렸어요.

"와장창!"

"쨍그랑!"

그릇 깨지는 소리에 놀라 뒤돌아보니 아저씨가 들고 있던 청자들을 하나씩 바닥에 던지고 있는 게 아니겠어요?

"어째, 하나같이 다 이 모양이야."

아저씨는 쌓여 있는 청자를 하나씩 꺼내서 요리조리 살펴보고는 냅다 바닥에 던져 버렸어요. 나는 너무 놀라서 옴짝달싹할 수가 없었지요.

"아저씨 그만 좀 깨세요."

명석이는 달려가서 아저씨 팔을 붙잡고 매달렸어요. 아저씨는 깜짝 놀라서 명석이와 내 얼굴을 번갈아 바라보았지요.

"너희 어떻게 여기까지 들어왔어? 내 일이니까 끼어들지 마라."

아저씨는 명석이 손을 뿌리치며 들고 있는 청자를 바닥에 내던져 버렸어요. 청자는 쨍그랑 소리를 내며 깨져 버렸지요. 명석이는 볼이 잔뜩 부어서 심술 난 목소리로 투덜거렸어요.

"아니 대체 힘들 게 만든 도자기를 깨는 게 일인 사람은 뭐 하는 사람이오?"

"내가 만든 도자기니 내가 깨는 게 맞지. 그게 도공의 일이거든."

"도공?"

나와 명석이는 아저씨 말을 듣고 두 눈만 껌뻑였어요.

"나처럼 도자기를 만드는 사람을 도공이라고 해. 훌륭한 도공은 자기가 만든 도자기에 자부심이 있어야 하지. 조금이라도 마음에 안 드는 도자기를 다른 사람 손에 들어가게 한다는 것은 도공으로서는 해서는 안 될 일이거든."

아저씨는 턱을 치켜들며 큰 소리로 말했어요.

"도자기 굽는 게 그렇게 어려운 일인가요? 복잡한 기계를 만드는 사람도 있는데 그깟 도자기 가지고 뭘 그렇게 쩔쩔매세요?"

"그깟 도자기라고? 감히 고려청자를 보고 그깟 도자기라고 했겠다. 고놈 배짱 한번 좋구나."

"고려청자라고 별 거 있겠어요. 질그릇처럼 흙으로 빚어서 말린 다음에 반짝반짝하게 보이는 약 같은 걸 발라서 뜨거운 가마 안에서 구워서 식히면 끝이지요."

나는 도자기 잔치에 가서 본 그릇 굽는 모습을 떠올리며 큰소리로 말했어요. 아저씨는 코웃음을 쳤어요.

"도기랑 자기도 나누지 못하면서 큰소리를 치는구먼. 똑똑히 잘 들어두어라. 도기란 흔히 찰흙이라고 하는 붉은빛 진흙으로 만든 그릇을 말하는 거란다. 우리 몸에 뼈가 없으면 온몸이 흐물흐물해지는 것처럼 찰흙에는 뼈처럼 단단한 물질이 모자라서 높은 온도에서 구우면 폭삭 주저앉아 버리지. 찰흙에 견주어 자기는 1,300도가 넘어야 구워지는 자토로 만든 그릇을 말하지. 고려청자나 조선 백자는 모두 자기란다."

"자고로 사기는 자기보다 질이 떨어진다고 하지."

조용히 아저씨 이야기를 듣고 있던 명석이가 아는 척하며 한마디 던졌어요. 그런데 명석이 말을 들은 아저씨는 땅바닥을 데굴데굴 구르며 크게 웃었어요.

"하하하하, 자토는 돌가루로 되어 있어서 사토라고도 해. 사토로 만든 그릇이라는 뜻에서 사기라고 말하지. 그런데 자기나 사기나 모두 같은 흙으로 만든 것인데, 어느 것이 질이 떨어진다고 말할 수 있겠는가?"

내 눈이 접시처럼 동그랗게 커졌어요.

'명석이가 나보다 아는 것이 많은 줄 알았는데 꼭 그런 것만도 아니었군.'

"아저씨도 참!"

명석이 얼굴이 갑자기 홍당무처럼 붉게 바뀌었어요. 아저씨는 애써 웃음을 참으며 다정하게 말했어요.

"놀려서 미안하다는 뜻에서 내가 손수 청자를 만드는 과정을 하나하나 차근차근 설명해 주겠네. 내 이야기를 들으면 앞으로 다시는 실수할 일이 없을 게야."

아저씨는 가마 앞을 떠나 흙이 산더미처럼 쌓여 있는 곳으로 우리를 데리고 갔어요.

"청자를 만드는 흙이랑 백자를 만드는 흙은 똑같은 자토지만 흙의 종류가 조금 다르단다. 청자를 굽는 흙은 불에 구우면 옅은 잿빛이 나지. 하지만 백자를 굽는 흙은 하얀빛이야."

아저씨 말을 듣다 보니 조금 이상했어요. 청자를 만드는 흙이 불에 구우면 옅은 잿빛이 난다면, 왜 다 만들어진 청자에서는 푸른빛이 도는 걸까요? 나는 무척 궁금했지만 꾹 참았어요.

'난 절대로 명석이처럼 비웃음을 당하기는 싫어.'

"내가 또 웃을까 봐 차마 못 묻는 모양인데, 청자가 푸른빛이 도는 것은 유약을 발라서야. 유약은 도자기 겉이 반짝반짝하고 고운 빛을 내라고 바르는 물이야. 식물을 태워서 그 재를 물에 타서 만들지. 소나무, 감나무, 콩잎, 고사리 같은 여러 식물의 재를 쓰는데, 어떤 식물을 썼는지에 따라 도자기 빛깔이 달라져. 유약만 봐서는 어떤 빛깔이 날지 모르지만, 유약을 바른 뒤 가마 안에 들어갔다 나오면 어떤 유약을 썼는지에 따라 초록빛과 푸른빛이 얼마만큼 나는지가 달라진단다."

아저씨는 여러 가지 식물 재를 보여 주며 상냥하게 말했어요. 쓰는 흙도 정해져 있고, 여러 차례 만들어 보면 어떤 재를 얼마나 섞어야 하는지도 알아낼 수 있을 것 같은데, 왜 자꾸 마음에 안 드는 빛깔의 청자들이 나온다는지 잘 모르겠어요. 명석이도 그게 이상했던지 냉큼 물었어요.

"아저씨, 이제 굽기만 잘 구우면 끝인데 왜 자꾸 실패하오?"
"말이 잘 구우면 된다지. 굽는 게 그리 만만치가 않거든. 불꽃이 잘 안 다뤄지면 구워진 청자가 이상한 빛깔로 바뀌어 버려. 흙과 유약, 불의 온도를 잘 다루어야 바라는 만큼 아름답고 투명한 청자가 나온다네. 구워 낸 청자의 빛깔을 보면 청자를 만드는 사람들이 얼마나 애썼는지를 한눈에 알 수 있지."

명석이는 또다시 감동에 가득찬 눈빛을 보내며 나한테 물었어요.

"이보게, 생각했던 것보다 훨씬 복잡한 것 같지 않나? 흙과 유약, 불의 온도! 듣기에는 쉬워도 마음처럼 잘 안 될 것 같군."

어찌나 반짝이는 눈으로 말하던지 맞장구를 쳐 주었어요.

"맞아, 근데 언제부터 청자를 썼을까?"

"고려청자니 당연히 고려 시대부터지."

"틀렸어. 청자는 통일 신라 시대가 끝나갈 무렵부터 만들어졌다네. 고려 청자라고 말하는 까닭은 고려 시대에 청자가 많이 쓰였고, 아름다운 청자들이 많이 만들어져서야. 나라를 다스리는 높은 사람부터 보통 사람까지 누구나 청자를 가까이했거든."

만들기도 어려운 청자를 온 나라 사람들이 즐겼다니 놀라웠어요.

"물론 모든 사람들이 박물관에 있는 것처럼 아름다운 청자를 쓴 것은 아니었지. 아주 높은 귀족들이 죽을 때 같이 묻는 물건이나 왕께 바치는 물건, 집 안을 꾸미는 장식품 같은 것은 완벽한 청자를, 지방 귀족이나 하급 귀족들이 쓰는 밥공기나 국그릇 같은 생활 자기로는 초록빛이 도는 조질청자를 많이 썼단다."

"쓰임새를 따져서 다른 물건을 쓰다니 지혜로웠네요."

아저씨는 힘차게 고개를 끄덕였어요.

"어떤 청자가 가장 완벽한 청자랍니까?"

"완벽한 청자란 옥처럼 아름다운 빛깔을 내야 한단다."

"아저씨 말대로라면 아직도 한참 더 깨셔야 할 것 같네요."

아저씨가 청자들을 살펴보면서 한숨을 몰아쉬었어요. 하나하나 제법 아름다운 빛깔이기는 했지만, 아무리 봐도 할머니가 끼고 다니는 옥반지처럼 고운 빛깔은 아니었거든요. 나는 명석이 소매를 끌어당기며 말했어요.

"아저씨, 그럼 멋진 청자가 나오길 기대할게요."

"조금만 더 보다 가지 왜 그리 서두르나?"

'내가 쓰는 물감만 있다면 고려청자를 얼마든지 만들 수 있을 것 같은데 저것 가지고 무슨 과학이라는 거지?'

"쨍그랑."

멀리서 고려청자를 깨는 소리가 들려왔어요.

기차로 돌아온 나는 너무 졸렸어요. 무구정광대다라니경인가 뭔가 때문에 억지로 자리에서 일어나서 끌려 나간 걸로도 모자라서 고물만 박사 마음이 뒤틀리는 바람에 눈치 보랴, 들떠서 날뛰는 명석이 막으랴, 이리저리 바삐 움직인 탓이었지요.

"다음 역에 다다르면 좀 깨워 줘."

명석이한테 부탁하고는 잠깐 아주 잠깐 눈을 감았어요.

정신이 차리고 보니 귀에 들려야 할 명석이와 박사 목소리 대신 거칠거칠하고 걸걸한 할아버지 목소리가 들려왔어요.

"이게 무슨 소리지?"

나는 너무 놀라서 두 눈을 번쩍 떴어요. 둘레를 둘러보니 역사 드라마에나 나오는 커다란 대장간 같은 곳이었어요. 쇳물이 펄펄 끓고 있었고, 단잠을 깨운 할아버지의 명령에 따라 사람들이 바삐 움직이고 있었어요.

"어라, 진짜 대장간이네."

나는 멍한 눈으로 두리번두리번 살폈어요. 사람들이 땀을 뻘뻘 흘리며 커다란 찰흙 덩어리 안에 붉은 물을 부어 넣고 있었지요.

"여기 있는 청동은 돌아가신 경덕왕께서 아버님 성덕대왕님을 기리는 종을 만들려고 기꺼이 내놓으신 거란다."

"아하! 여기는 종을 만드는 곳이었군요."

할아버지는 환하게 웃었어요.

"그래. 이제야 알았냐? 난 이곳을 맡고 있는 모종팔 영감이라고 한단다. 그냥 종팔 영감님이라고 하거라. 하루라도 빨리 이 종을 다 만드는 게 내 몫이란다. 아마도 이 종이 마무리되면 성덕대왕신종이라는 이름이 붙겠지."

바로 그때, 난 정신이 번쩍 들었어요.

'성덕대왕신종이라면 에밀레종을 말하는 거잖아.'

한 번도 종소리를 들어본 적은 없지만 에밀레종의 종소리가 아름답다는 이야기는 들어본 적이 있었거든요.

"종팔 영감님?"

"왜 달짝지근하게 날 불러?"

"아기는 안 들어가나요?"

"종을 만드는 데 아기가 왜 들어가?"

나는 책에서 읽은 에밀레종에 얽힌 전설을 들려주었어요.

"성덕대왕이 죽고 나서 스님들이 성덕대왕을 기리려고 종을 만들면서 사람들한테 돌아다니며 돈이나 곡식을 걷었대요. 그런데 어느 아주머니가 너무 가난해서 줄 것이 없어 미안한 마음에 줄 거라고는 아기밖에 없다고 말했대요. 스님은 웃으면서 그냥 돌아왔는데,

이상하게도 만들어진 종마다 소리가 굵고 거칠더래요. 스님들은 까닭을 찾다가 아기를 넣어야 종소리가 맑다는 사실을 알게 되었어요. 스님은 다시 마을로 내려가서 아주머니한테 아기를 달라며 부탁을 했대요. 아주머니는 울면서 아기를 보냈고, 스님들이 아기를 팔팔 끓는 쇳물에 넣어서 종을 만들었더니, 훌륭한 종이 만들어졌다던대요."

종팔 영감은 내 말이 끝나기가 무섭게 큰 소리로 웃어 댔어요.

"그런 무서운 헛소리는 하지도 말게. 쇳물을 여러 군데에서 나눠서 녹이는데 아기를 빠뜨릴 만큼 깊은 곳이 어디 있는 줄 알아?"

'어째 너무 무서운 이야기더라.'

종팔 영감님은 먼 산을 바라보더니 혼잣말로 중얼거렸어요.

"이 종을 만든 지 33년이 됐으니 내 인생을 여기에 모두 쏟아 부은 셈이지. 너를 만난 것도 부처님이 주신 인연인 것 같으니 내가 좋은 걸 보여 주마."

종팔 영감님은 손바닥만 한 종이를 한 장 들고 왔어요. 그러고는 내 코앞에 들이밀며 말했어요.

"어때, 멋지지?"

"이렇게 가까이 대시면 안 보이잖아요. 자세히 보게 좀 주세요."

종팔 영감님은 보여 주기도 아까워서 부들부들 떨며 종이를 넘겼어요. 종이 위에는 그림 두 개가 그려져 있었지요. 하나는 종의 겉에는 어떤 문양을 넣을지가 그려져 있었고, 나머지 하나에는 종의

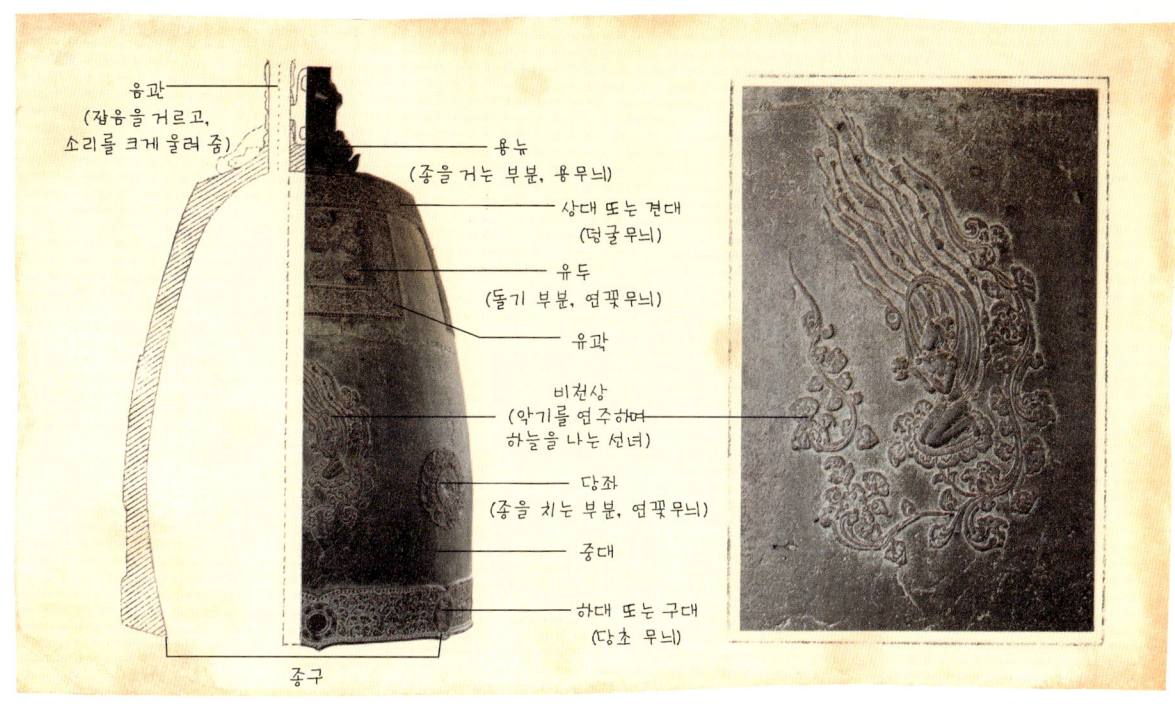

속을 어떻게 만들까가 그려져 있었어요.

"종을 치면 몸체가 흔들리면서 공기를 흔들지. 사람들은 공기의 흔들림을 듣고 소리를 알아채는 거야. 종소리 가운데 떨림 폭이 큰 것은 종 둘레에서 생겨나고, 떨림 폭이 작은 것은 종 높이에서 생겨나지."

나는 종이 위에 종 모양을 살펴보느라 종팔 영감님 말을 귓등으로 흘려들었어요.

'대충 만들면 되는 줄 알았는데 보통 일이 아니구나.'

종팔 영감님이 하나하나 위치며 크기까지 따져서 적어 놓은 그림을 보며 빙그레 웃었어요. 그런데 몇 군데 이상한 곳이 있었지요.

"영감님, 종의 위쪽은 밖에서 안 보인다지만 청동을 아끼려고 구멍을 뚫어 놓다니 너무 쩨쩨해요."

종팔 영감님은 그림을 낚아채고는 내 머리에 꿀밤을 주었어요.

쇠붙이라고 다 같은 쇠붙이는 아니지

"모르는 소리! 그건 종소리가 좋으라고 만들어 놓은 음관이야. 종을 쳤을 때 가장 처음 종에서 나는 소리로, 1초 안에 사라져 버리는 소리를 타음이라고 하거든. 이때 종에서 나는 소리는 웅장하고 당차야 하며 잡음이 없어야 하지. 음관은 잡음이 빠지는 곳이야."

"어떻게 잡음이 빠지는데요?"

"그건 나도 잘 모르겠고, 음관이 있으면 잡음이 제대로 된 종소리랑 안 섞이고 사라져 버린단다."

나는 종팔 영감님 손에서 그림을 다시 낚아채며 투덜거렸어요.

"쳇, 감동할까 했더니만, 내 경험에 따르면 그저 그런 거잖아요."

"어허 경험도 과학이라니까."

"종의 오른쪽 왼쪽 두께가 다른 것 같아요. 게다가 종에 그려진 문양도 그렇고요. 일부러 다르게 그리신 건 아니겠죠?"

"종의 오른쪽 왼쪽이 똑같으면 타음이 끝나고 난 뒤에 들리는 소리가 재미없어져. 오른쪽 왼쪽이 달라야 소리가 나타났다가 사라졌다가 하면서 사람들의 애간장을 녹인단다. 종소리란 원래 소리와 되돌아오는 소리가 마주쳐서 새로운 소리가 되거나 잦아드는 게 훨씬 여운이 많이 남거든. 더불어 여러 느낌의 소리를 만들수록 더욱더 좋지. 생김새보다 소리가 더 중요하니까."

종팔 영감님의 이야기는 알 듯 말 듯 했어요. 어떻게 들으면 무척 과학 같기도 하고, 어떻게 들으면 거짓말 같기도 했지요.

'처음에 나는 종소리에는 잡음이 없어야 한다더니, 나중에 남는

소리에는 이상한 소리들이 많으면 많을수록 좋다니 뭔가 이상하잖아. 저 영감님 순 엉터리 아니야?'

내가 도통 이야기를 못 미더워하는 것을 눈치챘는지 종팔 영감님은 조용히 한숨을 몰아쉬었어요.

"백날 말해도 알아듣지 못할 것 같군. 몸으로 손수 배우게나."

종팔 영감님은 내 손에 커다란 물 항아리를 들려 주었어요.

'왜 내가 일을 해야 하는 거지?'

"어여 안 움직이고 뭐 하고 있어?"

나는 물 항아리를 들고 대장간 이곳저곳을 왔다 갔다 누비고 다녔어요. 대장간 안이 어찌나 더운지 사람들은 쉴 새 없이 물을 찾아 댔지요. 이마에서는 구슬땀이 나고 목은 바짝바짝 말랐어요.

"아유, 누가 나를 여기에 던져 놓고 가서 고생하게 만드나."

시간이 지나면 지날수록 온몸이 무거워져 손가락 하나 못 들 것 같았어요. 마침내 기다리고 기다렸던 종이 다 만들어졌어요. 종팔 영감님은 신이 나서 콧노래를 불렀지요.

"종이 다 만들어졌으니 소리 한번 들어보러 가자꾸나."

여러 사람이 힘을 모아 갓 만든 종을 매달았어요. 사람들이 매달아 놓은 종을 보더니 종팔 영감님이 버럭 소리를 질렀어요.

"어떤 바보가 종을 높이 달아 놓았어! 종 아래 바닥에 우묵하게 패인 곳에서 많이 안 떨어지게 나지막이 매달아야지. 언제 우리 신라 사람들이 종을 높게 매달고 치는 거 봤나?"

나는 말없이 머리만 긁적이고 있었어요. 사실 내가 종을 높이 매달자고 아저씨들한테 졸랐거든요.

"종이랑 아래 바닥에 패여 있는 곳이 잘 맞아야 종소리가 은은하고 좋은 거야. 우리 종이 다른 나라 종에 견주어 오목하게 생긴 것도 소리가 오랫동안 이어지라고 그런 거란다. 여기 종을 치라고 표시해 놓은 곳이 보이지? 이곳을 당좌라고 하는데, 여길 제대로 쳐야 힘도 적게 들고 종소리도 가장 맑게 나지."

"영감님, 그만 좀 투덜거리시고 종이나 한번 멋지게 쳐 보세요."

종팔 영감님의 잔소리를 듣다 못한 아저씨들이 종팔 영감님한테 종을 치는 데 쓰는 나무를 쥐어 주며 말했어요.

"그래, 그만 하고 쳐야지. 암 치고말고."

종팔 영감님이 다 만들어진 성덕대왕신종을 치자 갑자기 눈에 눈물이 고였어요. 무어라 말할 수 없는 두근거림이 가슴 속 깊은 곳에서부터 올라오는 것 같았어요.

"태어나서 이렇게 멋진 종소리는 처음 들어보는 것 같아. 과연 국보 29호라 할 만하구나."

아기 울음소리처럼 희미하게 흔들리는 종소리에 섞여서 기차 소리가 들려왔어요.

과학 기차가 눈앞에 또렷이 보였어요. 다른 사람들 눈에는 과학 기차가 안 보이는지 나를 뺀 나머지 사람들은 빼어난 성덕대왕신종만 바라보고 있었지요.

'정말 이상한 일이네. 쇠붙이라면 엄청나게 좋아하는 사람들이 온통 쇠로 된 과학 기차를 본 체 만 체 하다니……'

아무래도 과학 기차에는 내가 모르는 무언가가 숨어 있는 것만 같았어요. 과학 기차 바퀴가 땅에 닿기 무섭게 고물만 박사와 명석이는 기차에서 내려 내가 있는 쪽으로 달려오며 소리쳤어요.

"새롬아!"

어찌나 시끌벅적하게 불러대던지 종소리만큼 엄청나게 큰 소리였어요. 사람들이 모두 내 얼굴을 바라보았어요.

"세상에나 얼굴에 땀 좀 봐. 기차가 고장 나서 고치는 사이에 편히 쉬라고 나무 그늘 밑에 두고 간 거였는데……"

"그러게 그냥 태우고 가자고 말씀드리지 않았소."

"난들 일이 이렇게 될 줄 알았나. 내가 안아서 밖으로 들어내도 모르기에 우리가 돌아올 때까지는 푹 자고 있을 줄 알았지."

새롬이는 미안해하는 고물만 박사 얼굴을 보자 기분이 나아졌어요. 하지만 그냥 넘어가기에는 아쉬웠지요. 박사 눈치를 보느라 고생했던 것 하며, 따뜻하다 못해 푹푹 찌는 더운 대장간에서 쉴 틈도 없이 뛰어다녔던 것이 떠올랐지요. 나는 일부러 삐친 척 입을 꾹 다물고 있었어요. 그랬더니 웬일로 눈치라면 약에 쓰려 해도 없던 명석이가 옳은 소리를 했어요.

"박사, 이 친구가 단단히 마음이 상한 모양이오. 절대로 그냥 넘어갈 수 없을 것 같소이다."

"이를 어쩌나 일부러 그런 것은 아닌데……. 기차 안을 너무 자주 비웠더니 이곳저곳이 안 좋기도 하고."

나는 박사가 쩔쩔매는 모습이 재미있어서 아무 말도 안 하고 빤히 바라봤어요. 내 얼굴을 보고 하늘을 보고 이렇게 스무 번쯤 하더니 지친 얼굴로 말했어요.

"소원 한 가지만 말해 봐. 무엇이든 들어줄게."

"더운 곳에서 너무 오랫동안 있었더니 아주 차가운 물이나 한 잔 마시고 싶었어요."

박사는 내 손을 끌고 기차에 타고서 신이 난 목소리로 말했어요.

"내가 아는 곳 가운데 가장 시원한 곳으로 데려가 주마."

박사는 흙으로 된 무덤처럼 생긴 곳 앞에 기차를 세웠어요. 가까이에서 봤더니 무덤이 아니라 돌로 만든 나지막한 동굴 같았어요. 무덤과 다르게 문이 뻥 뚫려 있었지요.

고물만 박사는 나와 명석이 손을 잡고 굴로 들어갔어요. 밖은 땀이 뚝뚝 떨어지는 여름인데, 이상하게도 안은 서늘했지요.

"어때, 딱이지?"

박사는 안에 있는 커다란 얼음 덩어리를 잘라서 손에 하나씩 쥐어 주며 말했어요. 나도 모르게 신 나서 얼음 조각을 덥썩 입에 물었지요. 차가운 게 배 속에 들어오니 머리가 띵했어요.

"우아, 엄청 시원해요."

"짐작대로 새롬이는 석빙고를 좋아하는구나. 석빙고는 삼국 시대부터 있었고, 고려 시대에는 문종 임금 때부터 해마다 6월 초부터 8월 초까지 벼슬에서 물러난 신하들한테는 사흘에 두 차례, 높은 관리들한테는 한 주에 한 차례씩 얼음을 나눠 주는 제도가 있었지."

옛날 여름에도 차가운 얼음을 먹었다는 것도 놀라운데, 임금님이 신하들한테 얼음을 나눠 주기까지 했다니…….

"신하들한테 얼음을 나눠 주고 나면 석빙고 안이 텅 비어 버렸겠네요. 석빙고 안에 물을 놓아 두면 저절로 얼음이 생기나요?"

"석빙고가 오늘날의 냉장고와 비슷한 구실을 하던 곳은 맞아. 하지만 석빙고는 냉장고와 하는 일이 조금 달라. 냉장고는 기계를 돌려서 얼음이나 냉기를 만들어 내는 장치지만, 석빙고는 공기 흐름을 잘 다스려 겨울에 모아 두었던 얼음을 다시 얼음이 어는 다음 해 겨울이 올 때까지 안 녹게 두던 곳이야. 석빙고는 만들어진 위치만큼이나 엄청난 과학을 담고 있단다."

"어허, 그래서 이렇게 안이 서늘했던 거군."

명석이는 온몸을 잔뜩 웅크린 채 부들부들 떨며 말했어요. 얼굴이며 입술이며 파랗게 바뀌어 있었지요.

"명석아, 괜찮아?"

"내 걱정 말고 박사 이야기나 듣게나. 난 이 안에서도 그나마 따뜻한 곳을 찾았으니 말일세."

명석이는 환한 얼굴로 손을 흔들어 주었어요. 나는 명석이 말을 듣고 깜짝 놀랐어요.

'따뜻한 곳이 있으면 얼음이 녹아 버리잖아?'

내 얼굴이 잔뜩 굳어 버렸어요. 박사는 내 어깨를 두드리며 다정하게 말했어요.

"괜찮아. 석빙고 안에 따뜻한 곳이 있는 것은 당연해. 석빙고는 따뜻한 공기가 얼음에 안 닿고 정해진 곳에 모여서 빨리 빠져나가게 만들어져 있거든."

나는 두 눈을 크게 뜨고 이곳저곳을 열심히 살펴보았어요. 기둥이 하나도 없다는 것 빼고는 그다지 특이하게 생긴 것은 없었지요.

"아무리 봐도 어디에 따뜻한 공기가 모이는지 모르겠어요."

"조금만 찬찬히 살펴보면 금방 알 수 있을 텐데……. 좋아, 내가 알려 주지."

박사는 환하게 웃으며 석빙고 천장을 손으로 가리켰어요.

"위를 보렴!"

셋은 석빙고 천장과 공기 구멍을 바라보았어요.

"따뜻한 공기를 금세 빼 주는 것만으로도 이 안을 이렇게 시원하게 만들 수 있다니, 정말 놀라운 기술인 것 같지?"

"맞아. 이렇게 엄청난 일을 하는 줄은 정말 몰랐어."

작은 것 하나 안 놓치고 꼼꼼하게 만들어진 석빙고를 보며 나도 모르게 입이 쩍 벌어졌지요.

'정말 옛날에도 과학이 있었을 뿐 아니라 생각했던 것보다 훨씬 대단한걸. 근데 저 많은 얼음은 원래 어디에서 온 거지?'

나는 박사 이야기를 듣는 내내 무척 궁금했어요. 명석이는 석빙고를 둘러보며 빙그레 웃었어요.

"겨울이 돼서 강이 얼면 그 얼음을 잘라다가 빈 석빙고 안을 부지런히 채워야겠네요."

"해마다 2월 말이면 관청에 있는 노비들이 톱으로 강에 언 얼음을 14센티미터가 넘는 도톰한 두께로 잘라 냈단다."

고물만 박사 이야기를 듣자 온몸에 소름이 쫙 돋았어요.

'혹시 이 얼음 먹으면 배탈 나는 거 아니야? 엄마가 물은 꼭 끓여 먹어야 한다고 했는데…….'

거중기

수원 화성 으뜸 일꾼

기차는 무언가를 짓고 있는 커다란 공사판에 다다랐어요. 나무와 돌, 흙과 모래를 나르는 사람들의 바지런한 발걸음을 보고 있자니 가슴이 두근거렸어요.

"여기는 또 무엇을 하는 곳일까?"

"건물을 짓고 있는 것 같기는 한데, 이렇게 봐서는 어떤 건물인지 도무지 알 수 없구려."

박사는 사람들이 없는 외진 구석에 기차를 세웠어요.

"여기서는 함부로 말하면 안 돼. 아는 척하다가는 잡혀가거나 어려운 일을 당할 수도 있거든."

"박사, 대체 어떤 곳인데 그래요?"

"귀찮다면 안 내려도 괜찮아. 공사판이다 보니 좀 험하거든."

박사는 한숨을 몰아쉬며 말했지요.

"저기에도 틀림없이 훌륭한 과학 문화재가 있겠지요?"

"우리 조상들의 과학이 듬뿍 담겨 있기는 하지."

박사 말을 듣자 더욱더 가슴이 두근거렸어요. 명석이가 걱정스러운 얼굴로 바라봤어요.

"얼굴빛이 그다지 안 좋은데, 조금 쉬는 게 어떻겠나?"

"기차 안에서 혼자 기다리고 있으면 뭐 해. 그냥 가자."

나를 걱정하는 박사와 명석이 마음은 알겠지만, 새로운 과학을 만날 욕심에 기차 안에서 그냥 쉬고 있을 수만은 없었어요.

'하나라도 눈으로 보고 느끼는 게 과학 문화재를 배우는 가장 좋은 방법이지.'

나는 사람들이 부지런히 일하고 있는 공사판으로 씩씩하게 걸어 갔지요. 공사판이 조금씩 가까워지자 기차 안에서는 안 보이던 것들이 눈에 보였어요.

"이 건물을 짓는 데 쓰이는 돌들이 왜 모두 크고 기다란 걸까요?"

"적이 대포로 성을 공격했을 때 작은 돌로 만든 성은 쉽게 와르르 무너지지만, 이처럼 큰 돌로 쌓은 성은 돌 하나가 없다고 해도 끄떡없지. 그뿐만 아니라 보통 때 쓰는 돌보다 세 배 넘게 긴 받침돌과 굄돌을 써서 돌끼리 이가 맞게 쌓아 놓은 덕분에 더 튼튼한 성곽이 될 수 있지."

박사는 미리 생각해 놓은 것처럼 척척 말했어요. 그 덕분에 나는 조금도 안 망설이고 궁금한 것들을 다그쳐 물었어요.

"박사, 성벽이 왜 저렇게 야트막해요?"

"옛날에는 적들이 맨몸으로 성벽을 타고 넘어왔지만, 이 성을 만들 무렵에는 그럴 일이 없어졌지. 그 대신 포를 쏴서 성벽을 부수고 들어왔어. 그래서 높고 얇은 벽보다는 야트막하고 두툼한 벽을 만든 거야. 그쪽이 훨씬 안전하고 튼튼하거든."

명석이는 나와 고물만 박사가 주고받는 이야기들을 조용히 듣고만 있더니 갑자기 빙긋 웃으며 말했어요.

"오호. 수원 화성을 만들고 있는 곳이었군."

"수원 화성? 그걸 어떻게 알았지?"

"방금 자네가 말한 것들이 모두 수원 화성의 특징이거든. 수원 화성은 조선 시대 때, 정조 임금이 세운 성으로, 판판한 땅과 산이 알맞게 잘 어우러진 땅에 지은 성이라네. 돌뿐 아니라 벽돌로도 만든 드문 성이기도 하지. 화성은 튼튼하고 단단할 뿐 아니라 유네스코에서 세계문화유산으로 올릴 만큼 멋진 성이기도 하지. 화성은 전쟁 때 적의 공격을 훌륭하게 막아낼 수 있고, 멋지게 공격할 수 있는 시설도 갖추고 있다네."

텁수룩한 수염으로 입가를 다 가린 아저씨가 멀리서 손짓했어요.

"새로 온 일꾼인 모양이군. 어서 오시오."

우리는 어안이 벙벙해서 털보 아저씨를 빤히 바라보았지요. 털보 아저씨는 우리 얼굴을 하나씩하나씩 꼼꼼히 살펴보더니 시원하게 웃었어요.

"하하하, 뭘 그리 어두운 얼굴을 하고 있소. 비록 나랏일이지만 품삯은 확실히 주니 걱정 마시오."

"품삯을 준단 말이오?"

"일만 잘하면 품삯뿐 아니라 웃돈도 얹어 준다네. 물론 끼니와 약도 챙겨 주지. 게다가 내가 공사판 일을 여러 번 해 봤지만, 벽돌을 만들어서 무언가를 짓는 걸 보기는 처음이라네. 하지만 확실히 커다란 돌을 맞춰서 쓰는 것보다는 짓는 속도도 빠르고 좋은 것 같더군. 물론 힘도 덜 들고 말이야."

명석이가 내 귓가에 작은 목소리로 속삭였어요.

"나라에서 하는 커다란 공사 같은 것은 보통 백성이라면 누구나 해야 할 일이라며 돈 한 푼 안 주고 뽑아다가 쓴다네."

털보 아저씨는 큰 소리로 외쳤어요.

"일하러 온 게 맞다면 어서어서 움직이게. 자네들은 모두 저쪽에 성벽 쌓는 곳에 가서 벽돌을 날라 주는 게 딱 좋을 것 같군."

거기에 가 보니 벌써 많은 사람들이 모여서 일을 하고 있었어요. 일부러 사람들한테서 떨어진 구석에 바짝 붙어서 일했지요. 명석이는 틈틈이 작은 목소리로 수원 화성 이야기를 해 주었어요.

"하지만 무엇보다 요즘 학자들이 수원 화성을 훌륭한 성이라고 이야기하는 까닭은 이 커다란 성을 짓는데 고작 2년 8개월밖에 안 걸렸다는 것일세. 처음 화성을 짓는다고 할 때 사람들은 10년쯤 걸린다고 생각했으니 놀랄 만도 하지 않겠소?"

나는 웃으면서 턱으로 성벽을 가리켰어요.

"봐, 성벽이 저렇게 얕으니 시간이 덜 걸릴 수밖에 없잖아?"

박사가 내 이야기를 듣더니 또다시 공사판이 떠나갈 만큼 크게 웃었어요.

"그러고 보니 그 말도 그럴 듯하네. 사실 화성의 공사 기간을 줄일 수 있었던 까닭으로 손꼽을 수 있는 것들이 참 많은데, 크게 품삯을 줬다는 것과 공사 구역을 나눠서 구역별로 경쟁을 붙였다는 것, 그리고 거중기, 녹로, 유형거 같은 기구를 많이 써서 더욱 쉽게 일할 수 있게 해 줬다는 것이지. 더욱이 정약용이 생각해 낸 거중기는 화성하면 누구나 떠올릴 만큼 이름났지."

"거중기가 뭔데요?"

박사가 거중기를 설명해 주려는데, 아까 봤던 털보 아저씨가 옆으로 다가왔어요. 우리는 털보 아저씨가 갈 때까지 조용히 일만 했어요. 벽돌을 가져다가 정해진 위치에 쌓고 또 쌓고. 조금 뒤, 털보 아저씨가 가자 명석이는 나한테 다가와서 귓가에 대고 작은 목소리로 속삭였어요.

"저게 거중기라네."

"어디, 어디?"

나는 명석이가 가리키는 이상하게 생긴 기계를 보았어요. 나무와 원통, 그리고 아주 많은 줄이 복잡하게 엉켜 있었지요. 조금 복잡하게 보이기는 했지만 그리 대단하게는 안 보였어요.

"꼭 그네처럼 생겼는데 그렇게 대단한 거야?"

"물론이지. 거중기는 무거운 물건을 옮기는 데 더없이 쓸모 있는 도구라네. 거중기 덕분에 공사에 들어가야 할 돈이 4만 냥쯤 줄었다는 이야기도 있지."

"우아! 훌륭한걸."

나는 명석이 이야기가 끝나기도 전에 입이 쩍 벌어져 다물 수가

없었어요. 명석이한테 좀 더 자세히 이야기를 들어 보려고 바짝 다가섰지요.

"어떻게 움직이기에 그렇게 엄청난 일을 해낼 수 있었는데?"

명석이가 쩔쩔매며 고민하고 있자 박사가 나섰어요. 땅바닥에 여러 개의 도르래와 축바퀴를 그렸지요.

무거운 물건을 들어 올리려면 힘을 아주 많이 써야 하지? 도르래를 쓰면 아주 쉽게 무거운 물건을 들어 올릴 수 있어. 고정도르래는 힘을 잘 쓸 수 있게 방향을 바꾸어 주고, 움직도르래는 힘을 덜 쓸 수 있게 도와주지. 움직도르래 하나는 들려고 하는 물건의 무게를 반으로 줄여 주니까, 움직도르래를 많이 달면 아무리 무거운 물건도 쉽게 들어 올릴 수 있겠지? 한 사람이 무거운 물건을 드는 것보다 여러 사람이 들면 쉬운 것처럼 말이지. 이게 바로 거중기의 원리야.

박사는 말이 끝나기가 무섭게 그림을 발로 싹싹 지워 버렸어요. 누가 보는 사람이 없는지 조심스럽게 둘레를 살폈지요.

"자꾸 그러니까 꼭 바보 같잖아요."

"첫째도 조심, 둘째도 조심. 조심하는 게 좋지."

이마에 땀이 송알송알 맺히고 배 속에서 꼬르륵 소리가 시끄럽게 울릴 때쯤 털보 아저씨 목소리가 들렸어요.

"모두 밥 드세요."

막일을 하는 일꾼부터 목수나 석공처럼 특별한 재주가 있는 장인까지 모든 사람들이 모여서 밥을 먹었어요. 한구석에서 또래로 보이는 아이들이 모여 앉아서 도란도란 이야기를 하고 있었지요. 어찌나 신 나게 이야기를 하던지 무슨 이야기인지 궁금해졌어요.

"난 새롬이라고 하는데……, 뭐 재미있는 이야기라도 있어?"

"별 이야기 없었어. 저기 서 있는 저게 뭘까 궁금해하고 있던 참이야. 벼슬아치처럼 보이는 사람들이 저걸 놓고 간 뒤로는 우리가 만들고 있던 서쪽 담이 눈깜짝할 사이에 팍팍 올라가고 있거든."

"넌 똘똘해 보이니까 저게 뭔지 알지도 모르겠다."

아이들은 거중기를 손으로 가리키며 말했어요.

"아니 그것도 모른단 말이야. 저건 말이지. 거……, 거."

거중기라는 이름을 입 밖에 내려는 그때, 누군가 등 뒤에서 입을 틀어막았어요. 박사는 내 귓가에 아주 작은 목소리로 속삭였어요.

"그렇게 입 조심하라고 일렀건만."

일꾼들이 양 떼처럼 몰려왔어요. 박사는 내 몸을 잡고, 명석이는 내 다리를 잡고 정신없이 뛰었어요. 박사는 나를 기관실 의자에 던지듯이 앉히고는 허둥지둥 기차를 출발시켰어요.

"쿠르륵! 쿠르륵! 쿠르르르릉!"

서둘러 출발한 탓인지 기차는 이상한 소리를 내며 달렸어요.

"아이고, 큰일이네. 명석아, 저쪽 구석에 있는 책 좀 펼쳐 봐."

"무슨 책이요?"

"화성성역의궤라고 적힌 책 말이야. 모두 이리로 가져와 봐."

박사는 명석이한테 책을 건네받아 꼼꼼히 읽었어요.

"휴! 다행이다. 이 책에는 화성을 만들면서 일어났던 일들이 모두 적혀 있을 뿐 아니라 벽돌을 쌓는 순서까지 고스란히 적혀 있거든. 물론 화성을 지을 때 일했던 일꾼들의 이름까지 다 적혀 있지. 다행히도 오늘 새롬이가 한 실수는 안 적혀 있네."

박사는 그제야 마음이 놓이는지 싱긋 웃었어요.

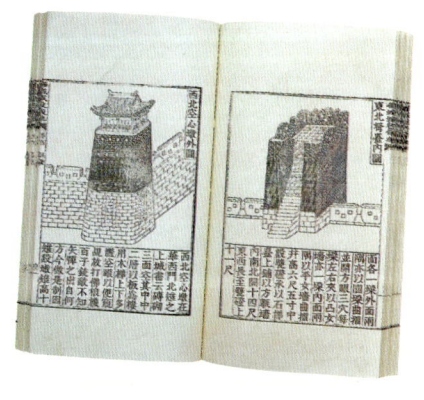

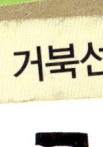

거북선

로봇보다 더 센 게 있다고?

"박사, 제발 어떻게 좀 해 봐요."

나는 앉아 있던 의자를 있는 힘을 다해 붙잡고 소리쳤어요. 준비 없이 갑자기 출발해서인지 과학 기차는 미친 듯이 비틀댔거든요.

"나도 온 힘을 다하고 있어."

박사가 기관실에서 소리쳤어요. 박사는 혼자 기관실에 처박혀서 한참 동안 끙끙거리고 있었지만 그대로였어요.

"으악!"

종종 박사가 내지르는 외마디 소리만 들려올 뿐이었어요. 명석이는 아예 의자 아래로 내려가서 바닥에 몸을 딱 붙이고 숨어 있었지요.

"자네도 아래로 내려오게. 그 위보다는 훨씬 덜 흔들린다네."

'자존심이 있지. 내가 휴지도 아니고 어떻게 바닥에서 뒹굴어.'

나는 이를 악물고 버텼어요. 기차가 어찌나 심하게 몸부림을 치던지 속이 울렁거렸지요. 마음속으로 아주 간절히 빌었어요.

"똑바로 가는 건 안 바랄 테니, 제발 멈췄다가 가게 해 주세요."

아마도 기차가 조금만 더 심하게 흔들렸다면 명석이를 따라서 바닥으로 떨어졌을지도 몰라요.

"조금만 더 참아라. 기차가 내려갈 수 있을 것 같다."
"이야! 살았다."

명석이도 다시 의자 위에 올라왔어요. 잔뜩 긴장을 하고 의자를 꼭 껴안고 있었는데 신기하게도 아주 얌전하게 내려앉았어요.

"쿠르르르르륵!" 물론 아주 이상한 소리를 내며 거세게 한 번 덜컹거리기는 했지만요.

창문 밖으로 바닷물이 넘실댔지요. 나와 명석이는 있는 힘을 다해 서로 껴안으며 큰 소리로 외쳤어요.

"살았다!"
"바닷속도 아니고 바닷가 모래밭이라니 참 다행이야."
"어휴, 겨우 세웠네."

까만 먼지를 잔뜩 묻힌 박사 얼굴을 보자 화가 났어요.

"하마터면 죽을 뻔했잖아요."
"나도 이런 일은 처음이야. 정말 미안하다. 그러기에 왜 급하게 달아나야 할 일을 만들어?"

박사 말에 살짝 미안했지요. 내가 약속을 안 지키는 바람에 생긴 일이니까요.

"깜빡했어요. 모처럼 또래 친구들을 만나서 들떴나 봐요."
"뭐야, 그럼 명석이는 너랑 비슷한 또래 아니야?"

나는 박사 귀에만 들리게 아주 작은 목소리로 속삭였어요.

"명석이는 또래긴 한데, 가끔 할아버지랑 이야기하는 것 같아요."

박사는 피식 웃었어요. 박사는 한 손에는 명석이 손을 꼭 쥐고, 다른 손에는 내 손을 꼭 쥐고 기차에서 내렸어요. 기차 밖을 한참 살펴보던 박사가 굳은 얼굴로 말했어요.

"아무래도 기차를 고치러 갔다 와야 할 것 같아. 금방 돌아올 테니 여기서 좀 기다리고 있어라."

나는 깜짝 놀라서 둘레를 두리번거렸어요. 보고 또 봐도 이곳은 전쟁터임에 틀림없었어요.

"이렇게 위험한 곳에 두고 가면 어떡해요?"

"겁먹을 필요 없어. 이곳에는 로봇보다 훨씬 더 센 게 있으니 그냥 우리나라 편에 있으면 안 다칠 거야."

"정말 안전한 것 맞소?"

명석이가 불안한 얼굴로 박사한테 되물었어요.

"물론이지. 걱정 마."

과학 기차가 떠나자 포탄 소리가 유난히 크게 들렸어요. 명석이는 귀를 틀어막고 어쩔 줄을 몰라 했지요. 나는 명석이 손을 꼭 잡아 주었어요.

"박사가 아직까지 한 번도 거짓말한 적 없었잖아. 믿어 보자."

명석이는 겨우 눈물을 멈추고 고개를 끄덕였어요.

'어디에 숨어서 박사를 기다리지.'

우리는 마음을 가라앉히고 바닷가 둘레를 샅샅이 살폈어요. 갑자기 어디선가 남자아이 목소리가 들려왔어요.

"너희밖에 없는 거야?"

잔뜩 긴장한 얼굴로 소리가 나는 쪽을 바라봤어요. 그곳에는 또래로 보이는 남자가 서 있었지요. 나는 일부러 씩씩한 척 큰 소리로 말했어요.

"얼마 동안 우리 둘이서 지내야 해."

"노는 저을 줄 알아?"

"아니, 저을 줄은 모르지만 금방 배울 수 있을 거야."

남자아이는 나와 명석이를 이상하게 생긴 배 안으로 들여보내 줬어요. 앞에는 용처럼 생긴 게 달려 있고 뚜껑이 덮여 있었지요. 남자아이는 먼저 배 위에 올라타며 소리쳤어요.

"밖에 있는 것보다 이게 훨씬 더 나을 거야."

남자아이는 우리를 배 안에 있는 사람들한테 소개했어요. 나이가 가장 많아 보이는 수염이 긴 아저씨가 다정하게 말했어요.

"거북선에 잘 왔다. 원래 군인들만 타는 배지만 전쟁은 벌써 시작됐고 일손이 모자라니까 특별히 태워 주마."

"이 배가 거북선이란 말입니까?"

나는 배 이름을 듣고 깜짝 놀랐어요. 이순신과 거북선이라면 일본 사람들이 벌벌 떤 멋진 배였으니까요.

"우아. 이제 정말 걱정 없겠다."

"거북선이라니까 무슨 신화나 전설 속에 나오는 엄청난 배인 줄 아는 모양인데, 우리나라에서 병사들이 쓰던 판옥선을 고쳐 만든 것뿐이야. 물론 왜놈들은 거북선을 보면 귀신이라며 깜짝 놀라 꽁무니를 빼고 달아나기는 하지. 워낙 특이하게 생겼으니까."

나는 고개를 갸웃거렸어요. 명석이도 무언가가 이상했던지 나를 따라 고개를 갸웃거렸어요.

"그럼 왜 거북선은 다른 배들 수보다 적은 거요? 특별하기 때문에 적은 거 아니오?"

"그 말이 맞다고 볼 수도 있고, 틀리다고 볼 수도 있지. 거북선은 많을 필요가 없으니까. 거북선은 무리 앞에 서서 가장 먼저 적들의 배로 나아가는 돌격선이거든. 돌격대가 많을 필요는 없잖아."

그제야 거북선의 구실을 알 것 같았어요.

"거북선은 판옥선 위에 판을 덮은 배에 지나지 않아. 전쟁 가운데 노를 젓는 사람들을 안전하게 보호하려고 판을 덮은 게지. 일본 사람들 가운데 거북선을 괴물 같은 배라고 하지만 사실 다른 배보다 튼튼하게 만들어진 배일 뿐이야. 물론 삐죽삐죽한 쇳조각을 붙여 놓아서 다른 배와 부딪칠 때 적의 배가 가라앉고 말지."

소년은 거북선이 다른 배들과 크게 안 다르다고 했어요. 하지만 바다 위에서 방향을 바로바로 틀 수 있을 뿐 아니라 웬만한 공격에는 끄떡도 안 하는 멋진 배인 건 틀림없었어요.

"두께가 12센티미터가 넘는 소나무로 만든 바닥이라고 하더니만 신기할 만큼 튼튼하네."

이제야 마음이 놓이는 것 같았어요.

우리는 조장이 시키는 대로 얌전히 노를 저었어요. 태어나서 처음 저어 보는 탓에 한동안은 신이 났지만 만만치 않았어요.

"너희처럼 노를 저어서는 배가 움직이지도 못하겠다. 너희는 가서 심부름이나 하렴."

조장이 우리 얼굴을 보며 피식 웃었어요.

'그럼 위로 올라가야 하잖아요. 그건 좀 싫은데……'

"제가 포를 알고 다룰 줄 알아야 도와드리지요?"

거북선에는 파괴력이 크고 멀리 날아갈 수 있는 천자포, 지자포, 현자포, 황자포 같은 대포가 있어. 바퀴 달린 수레에 달아 쏘았지. 가장 멀리 나가는 천자포는 11.7센티미터의 둥근 쇠구슬을 500미터가 넘는 먼 거리까지 날려 보낼 수 있지. 승자포는 가까운 거리에서 싸울 때 많이 쓰는 포로 화약이 달린 화살을 쏘아 보내. 200미터가 넘는 먼 거리까지 화살을 날려 보낼 수 있을 뿐 아니라 무게가 가벼워서 어디든지 들고 다니며 공격하기 좋지.

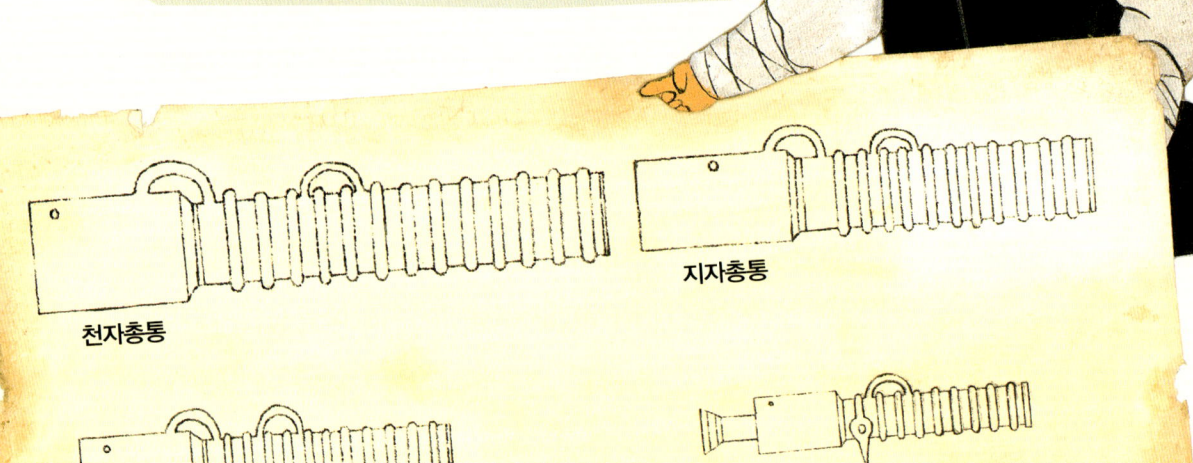

천자총통

지자총통

현자총통

황자총통

*포 크기: 천자총통 > 지자총통 > 현자총통 > 황자총통

명석이는 역시나 남 속도 모르고 신이 나서 총과 포, 화살이 기다리는 위층으로 부리나케 올라가 버렸어요.

포를 잘 아는 아저씨는 빠르게 포를 설명해 주더니 올라가기 싫다고 버티는 나를 위층으로 밀어냈어요. 우리를 거북선에 태워 줬던 친구는 어느 틈에 올라왔는지 정신없이 심부름을 하고 있었어요. 사람들은 저마다 쓰일 물건을 찾아 댔지요.

"천자포 포탄!"

"화살!"

"적이 가까이 오기 전에 하나라도 더 해치워야 좋지."

화약과 포탄을 포에 재어 넣는 일을 하는 화포장과 발사하는 포수 그리고 불화살과 대장군전 같은 활을 쏘는 사수가 돌아가며 포탄과 화살을 찾아 댔어요. 나는 일본 배들이 화포와 불화살에 맞아 까맣게 타는 것을 보며 속으로 생각했어요.

'진짜 로봇보다 더 센 게 있네.'

나와 명석이는 신이 나서 거북선 이곳저곳을 뛰어다니며 큰 소리로 외쳤어요.

"조금만 더해서 적을 싹쓸이해 버려요."

바로 그때, 쿵 소리가 나더니 배가 비틀거렸어요. 적의 배가 앞보다 약한 배의 옆면을 들이박은 것이었지요. 그러다가 누군가 놓친 불꽃이 온 배 안에 퍼져 버렸어요.

"불이야!"

배 안에 탄 사람들이 정신없이 문 쪽으로 달려갔어요. 포를 쏘는 구멍 사이사이로 과학 기차가 보였어요.

박사는 기차를 탄 채로 우리가 탄 배를 정신없이 따라오며 큰 소리로 이름을 불렀어요.
"새롬아! 명석아!"
"네, 여기예요!"

"안새롬!"

누군가 목청껏 내 이름을 불러 대고 있었어요. 어디서 많이 들어 본 것 같기도 하고 아닌 것 같기도 한 목소리였지요.

'누군데 내 이름을 이렇게 열심히 부르지? 박사인가? 명석이?'

"안새롬! 너 정말 안 일어날래?"

찢어지는 듯이 날카로운 목소리에 너무 놀라 두 눈을 번쩍 떴어요. 배우리 선생님이 이 틈을 안 놓치고 내 코앞까지 얼굴을 불쑥 들이밀었지요.

"헉! 왜 여기 계세요?"

배우리 선생님이 잔뜩 화가 난 얼굴로 내 얼굴을 뚫어져라 노려보셨어요.

"새롬이 너야 말로 다른 아이들은 다 박물관 견학하고 있는데, 너 혼자 여기서 뭘 하고 있었어?"

"너무 졸려서 눈만 잠깐 감았다 뜬다는 게 그만······."

"잘한다. 잘해."

배우리 선생님은 내 옷에 묻은 먼지를 털며 혀를 끌끌 찼어요.

"아무 곳에서나 누워서 자니까 이 모양이지. 어서 가서 과학 문화재들을 둘러보렴."

"네!"

나는 서둘러 기차 안에서 나와서 다시 박물관 안으로 들어갔어요. 아무 생각 없이 지나쳤던 과학 문화재들이 다르게 느껴졌지요.

"갑자기 이상하게 과학 문화재들이 다 특별한 것 같단 말이야. 낡으면 낡을수록 내가 모르는 신기한 비밀이 숨어 있을 것 같기도 하고……. 참 이상한 일이지?"

이게 다 명석이와 박사와 함께 과학 기차를 타고 돌아다닌 덕분이에요. 명석이와 박사와 함께 여러 과학 문화재들을 보고 느끼고 생각해 본 일들이 모두 꿈속에서 일어난 일인 것만 같았어요.

"아, 아쉽다. 진짜 재미있는 꿈이었는데……. 만약 그곳에 더 있었다면 불타는 거북선에서 무사히 달아날 수 있었을까?"

생각하면 생각할수록 더 아쉽게만 느껴졌어요.

"꿈속에서 우리나라의 모든 과학 문화재를 만나보고 올걸."

"새롬아, 어서 안 오고 뭐 해? 숙제에 나온 내용을 벌써 다 모은 건 아니겠지?"

"아니에요. 금방 갈 거예요."

가방 안에서 공책과 연필을 꺼내서 친구들이 있는 전시실로 달려가며 생각했어요.

'엉뚱한 생각하지 말고 어서 숙제나 끝내자.'

아이들은 자기가 마음에 드는 과학 문화재 가까이에 모여 앉아 도란도란 이야기를 하고 있었어요. 여자 아이들이 앙부일구를 바라보며 무어라 자꾸만 말하고 있었지요.

"이상하다. 왜 이러지?"

"해시계라면 시간을 알 수 있게 그림자가 하나만 있어야 하잖아."

"고장났나 봐. 순 엉터리라니까."

나도 모르게 여자 아이들 이야기에 끼어들었어요.

누가 감히 고물이래? 125

"박물관 안이다 보니 불빛이 너무 여러 곳에서 비쳐서 그래."

"그럼 다른 불빛들을 모두 가리고 하나만 비추면 시간을 알 수 있는 거야?"

"해시계라고 적혀 있으니 햇빛이 있는 곳에서 써야 정확한 시간을 알 수 있지. 동서남북도 잘 맞춰서 놓아야 하고 말이야."

"이거 완전히 고물 덩어리잖아. 내가 미쳐."

"누가 감히 고물이래. 네가 보는 눈이 없어서 그렇지 하나하나 따져 보면 얼마나 여러 과학 기술들이 이 안에 들어가 있는 줄 알아."

나도 모르게 그만 버럭 화를 내고 말았어요. 배우리 선생님은 날 보며 웃었어요.

"새롬이 너, 아까만 해도 우리 과학 문화재들이 다 고물이라고 했잖아."

배우리 선생님 말에 얼굴이 새빨개졌어요.

"아까는 아까고 지금은 지금이죠."

"천하의 새롬이가 문화재 편을 드는 날이 오다니 별일이네. 우주도 아니고 로봇도 아닌데 말이야."

"자꾸 놀리시면 또 과학 문화재 보고 고물이라고 할 거예요."

배우리 선생님은 일부러 보란 듯이 두 손을 꼭 모으고 비는 흉내를 냈어요.

"다시는 안 놀릴 테니, 제발 고물은 이제 그만!"

"이제는 선생님이 고물이라고 하라고 해도 못해요. 과학 문화재

덕분에 깨달은 게 하나 있거든요. 그건 세상 어디에든 과학이 없는 곳은 없다는 거예요. 얼핏 보기에는 과학과 거리가 먼 것 같은 물건들도 가만히 따지고 보면 모두 과학이 없었다면 만들어질 수 없는 것도 참 많거든요."

배우리 선생님은 빙그레 웃으며 내 머리를 쓰다듬어 주었어요.

"우리 반 투덜이가 아주 놀라운 것을 알아냈구나."

집으로 돌아와 오늘 본 과학 문화재들을 공책에 하나씩 하나씩 적으며 명석이와 박사와 함께 과학 문화재를 보러 다니던 기억을 더듬어 봤어요.

"어쩌면 하나도 빠짐없이 우리 과학 문화재에서는 조상들의 과학 냄새가 물씬 나는 걸까?"

나는 콧노래를 부르며 과학 문화재들을 보고 느낀 생각을 공책에 적어 나갔어요.

새롬이의 과학 문화재

앙부일구

해의 움직임에 따라 생기는 그림자를 보고 시간을 알 수 있다. 앙부일구는 안이 오목하게 파여 있어서 지금 시간뿐만 아니라 철의 흐름도 알 수 있다. 그림자 깊이를 살펴봐야 해서 해가 없는 밤이나 흐린 날은 쓸 수 없다.

자격루

떨어지는 물의 힘과 지렛대 원리로 만들었다. 밤이든 낮이든 날씨도 안 가리고 시간을 알려준다. 앙부일구처럼 시간을 두 눈으로 볼 수 있게 해 줄 뿐만 아니라 종과 징, 북 따위 악기를 써서 귀로도 시간을 알 수 있게 해 준다.

측우기

비가 온 양을 재던 기구로 생김새는 단순하지만 강수량을 재는 데 더없이 편리할 뿐만 아니라 지역별, 연도별, 철별, 강수량을 예측할 수 있는 자료를 만들어 주었다.

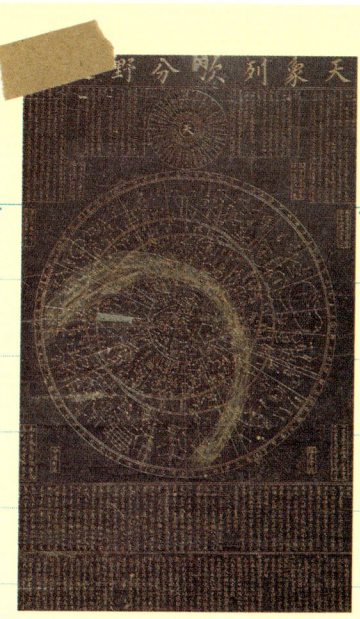

첨성대와 천상열차분야지도

첨성대는 천문 관측 기구인가 아닌가에 여러 의견이 있지만, 오랫동안 무너지거나 안 상하고 제자리에 있는 튼튼함이 신라 시대 건축 기술이 얼마만큼 발전했는가를 보여 준다.
천상열차분야지도는 우리나라의 천문학이 얼마나 섬세하게 발달했는가를 보여 준다.

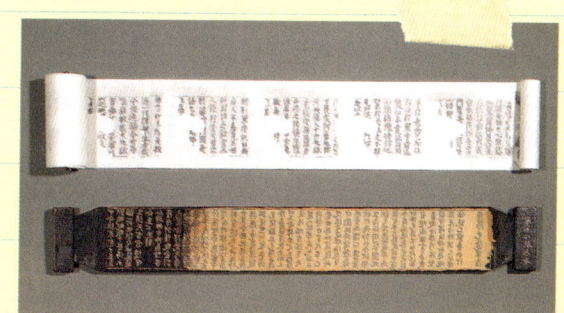

무구정광대다라니경

석가탑 안에서 나온 경전으로, 통일신라 시대 우리나라의 종이 만드는 기술과 인쇄술이 얼마나 발전했는가를 보여 준다. 비록 많은 부분이 썩어서 사라지기는 했지만, 통일신라 시대부터 지금까지 긴 세월 동안 그 모습을 안 잃고 이어져 내려온 인쇄물이라는 것에서 과학 원리를 바탕으로 만들어졌다고 할 수 있다.

고려청자

흙과 유약 그리고 불이 잘 어우러져야 아름다운 빛깔이 나온다. 여러 식물의 재를 써서 원하는 빛깔을 만들어 내는 유약 제조 기술이며, 마땅한 조절 장치도 없는 가마에서 원하는 온도를 만들어 내는 조절 능력은 과학을 넘어선 과학이라고 밖에는 말할 길이 없다.

성덕대왕신종

뒤늦게 성덕대왕신종의 과학 원리가 밝혀지면서 그 가치가 한껏 높아졌다. 음관을 비롯해 맑고 아름다운 소리를 내는 여러 장치가 있는 신기한 문화재다.

석빙고

겨울에 자연 속에서 얻은 얼음을 여름까지 보관할 수 있는 자연 냉장고. 물과 습기 그리고 더운 공기가 얼음에 안 닿고 금세 빠질 수 있게 만들어 놓았다.

거중기

정약용이 만든 건축 기구로, 정조 임금이 2년 8개월만에 수원 화성을 지을 수 있게 도와줬다. 거중기는 도르래 원리를 써서 작은 힘으로 무거운 것을 들 수 있게 도와주는 도구이자 조선 시대 과학과 삶이 하나가 되었음을 보여 주는 귀중한 문화재다.

거북선

바닥이 판판하여 뱃머리를 돌리기가 좋으며, 노를 젓는 곳과 싸우는 곳이 따로 나뉘어져 있다. 빠르게 움직일 수 있는 조선 시대 군함인 판옥선의 장점에다가 판을 덮음으로서 생기는 안정성과 단단함이 뛰어난 거북선은 우리나라 배를 만드는 기술이 낳은 으뜸 배다.

왜 요즘 사람들이 해시계를 안 들고 다니는지 알게 해 줬던 앙부일구!
물 하나로 과학의 힘을 보여 줬던 자격루!
간단해서 더 위대했던 측우기!
훌륭한 문화재지만 그 가치를 인정받지 못했던 첨성대!
낡았지만 지금 있다는 것만으로도 귀하다는 것을 보여 준 무구정광대다라니경!
자기 꿈을 이루려면 끈기가 필요하다는 것을 보여 줬던 고려청자!
손수 만들어 보고 써 봐야 그 가치를 안다는 것을 알려 줬던 성덕대왕신종!
필요한 것을 가지면서도 자연을 안 거스르는 법을 알려 준 석빙고!
안 쓰이는 지식은 죽은 것과 같다는 것을 알려 준 거중기!
그리고 거북선까지. 우리 과학 문화재에는 무엇 하나 빼 놓기 아까울 만큼 신기한 과학들이 모두 담겨 있다.

"먼 옛날에도 과학이 있었다니 정말 신기해. 지금 과학에 견주어도 모자람이 없을 뿐만 아니라 훨씬 뛰어난 것도 많아. 아무리 좋은 냉장고라도 전기가 없다면 석빙고처럼 얼음을 여름까지 그대로 둘 수 없을 거야. 어떻게 하면 조상들이 남긴 과학 기술을 지금도 쓸 수 있을까? 아니 더 발전시킬 수 있을까?"

등 뒤에서 명석이와 박사가 내가 쓴 글을 보며 흐뭇하게 웃고 있다는 것도 모른 채, 보고 배운 것을 하나도 빠짐없이 적었어요.

어느덧 밤이 되어 침대에 누워서 과학 문화재들을 떠올렸어요.

"자격루 장치를 다시 만들어 낼 수 있다면, 아니 자격루처럼 물로 움직이는 시계를 만들 수 있다면 건전지가 필요 없겠지? 고려청자처럼 아름다운 빛깔을 내는 그릇을 만들어 낸다면 세상 사람들이 우리나라 그릇을 쓰게 될 거야. 석빙고는 또 어떻고……."

과학 문화재에 숨어 있는 과학 기술이 우리 삶에 쓸 수 있다고 생각하니 가슴이 두근거렸어요.

"내가 과학자가 되어 볼까? 우리 조상들이 남긴 과학을 연구해서 요즘 과학 기술과 더해 새로운 과학 문화를 만드는 거야. 물론 조상들이 남긴 귀한 과학 문화재가 안 사라지게 지키는 일도 하고 말이야."

케이티엑스(KTX) 21쪽
한국 급행 열차(Korea Train Express)의 줄임말로 우리나라 고속 철도를 말해요. 평균 속도 200킬로미터 넘게 달리는 열차를 고속 열차라고 해요. 프랑스에서 사온 열차인 떼제베(TGV)가 경부 고속 철도를 달리고 있지요. 고속 철도가 생기면서 서울에서 부산이 2시간 40분, 서울에서 목포가 2시간 58분으로 옛날보다 한 시간이 훨씬 넘게 줄었어요.

가마솥 27쪽
옛날 부엌에서 쓰던 쇠로 된 아주 크고 우묵한 솥을 말해요. 바닥이 얇은 냄비와 달리 바닥이 두꺼워서 음식이 잘 안 타요. 가마솥에는 크게 부, 정, 노구가 있어요. 부는 커다란 가마솥으로, 밑이 조금 둥글고 옆은 판판하며 나무 뚜껑을 덮었지요. 정은 세 가지 크기가 있고, 솥 밑과 뚜껑이 거의 같은 모양으로 둥글어요. 노구는 놋쇠나 구리쇠로 만든 솥으로, 불 위에 올려놓고 내리는 것이 편리하며 놋쇠나 구리쇠로 만들어졌어요.

각 29쪽
요즘 시간으로 시는 하루를 열두 시간으로 나눈 것이고, 각은 시를 여덟 조각으로 나눈 것이에요. 15분이 1각이지요. 옛날 시간으로 보면, 각은 하루를 100조각으로 나눈 것의 하나로, 14분 24초를 1각이라고 해요.

견학 11, 12쪽
눈으로 보고 지식을 넓히는 행동을 말해요. '보고 배우기'와 같은 말이에요.

경덕왕 67쪽
신라의 서른다섯 번째 왕으로, 통일신라 문화를 가장 화려하게 만들었어요. 중국 당나라의 문물을 받아들여 신라의 제도와 관직 이름을 당나라 식으로 바꾸고, 나라 안 땅 이름을 한자로 적게 했어요. 성덕왕의 아들이자 효성왕의 아우로, 전 왕인 효성왕한테 아들이 없어서 왕위를 잇게 됐지요.

고려 59, 67, 68, 80, 96쪽
궁예와 뜻을 같이하던 지방 귀족 왕건이 후삼국을 다시 통일하여 세운 나라예요. 918년부터 1392년까지 475년간 서른네 명의 왕이 다스렸지요.

고물 14, 15, 16, 126쪽
시대에 뒤떨어져 쓸모가 없어진 물건을 말해요.

과학관 12, 17쪽
과학이 담긴 여러 가지 물건을 전시해 놓은 곳이에요. 과학에 얽힌 자료와 물품을 마련해 놓은 곳으로, 보고 느끼는 것으로도 과학에 빠질 수 있게 만든 곳이지요. 과학관은 과학 교육을 도와줄 뿐 아니라 과학에 얽힌 관심을 키워 주는 곳이에요.

관복 44, 47쪽
관청에서 나눠 준 옷으로 많은 사람들이 같이 입는 옷을 말해요. 과거에는 벼슬아치라면 누구나 한눈에 알아볼 수 있게 정해진 옷을 입었지요. 옷뿐만 아니라 모자, 신발, 허리띠까지 복잡하게 갖추어서 입어야 했지요. 벼슬의 높낮이에 따라 빛깔과 무늬가 다른 관복을 입어야 했어요.

관상감 8, 45, 46쪽
천문학과 지리학, 비 양을 재고 날씨를 살피는 기후 관측, 달력 만드는 일 따위를 맡아서 하던 국가 기관이에요. 농사를 짓던 우리나라에서 관상감은 중요한 기관이었어요. 비와 눈의 양, 계절 변화처럼 농사에 얽힌 일을 많이 하는 곳이었으니까요.

굄돌 103쪽
물건이 기울어지거나 안 쓰러지게 아래를 받치는 돌을 말해요. 고인돌에서 위를 덮고 있는 덮개돌을 받치고 있는 넓적한 돌을 굄돌이라고도 해요.

국보 39, 52, 57, 66, 67, 74쪽
나라의 보배로 나라에서 정하여 법에 따라 보호하는 귀중한 문화재를 말해요. 역사나 예술로 보아 특별한 가치가 있는 문화재들이지요.

기관실 25, 39, 50, 51, 72, 110, 112쪽
기차, 배, 비행기 따위가 앞으로 나갈 수 있는 힘이 되는 추진기를 조정할 수 있게 만들어 놓은 방을 말해요. 발전, 냉난방, 환기, 급수같이 특별한 구실을 하는 기기들을 모아 놓은 방도 기관실이라고 해요.

녹로 106쪽
높은 곳이나 먼 곳으로 물건을 달아올리거나 끌어당길 때 쓰는 도르래를 말해요. 수원 화성을 지을 때 쓰인 기기예요. 또한 우산대의 꼭대기에 끼워져 있는 대롱 모양의 장치도 녹로라고 해요. 녹로는 살을 모아서 우산을 펴고 오므릴 수 있게 해 주지요.

대동여지도 17쪽
김정호가 1861년 조선 철종 12년에 만든 우리나라를 그린 지도예요. 커다란 우리나라를 종이 스물두 장에 크게 줄여서 만든 대축척 지도지요. 지금 남아 있는 대동여지도는 성신여자대학교 박물관에 있으며 보물 850호예요. 정확한 비율로 그려 낸 것으로 보기 쉽고 들고 다니기 쉬워 칭찬받고 있어요. 27년에 걸쳐 손수 돌아보고 거리를 따져 만든 것으로 값어치가 있어요.

대장군전 119쪽
화약을 넣어 날려 보내는 불화살로 천자총통에 넣는 대포예요. 18미터 길이에 화살 하나의 무게가 30킬로그램이나 돼요. 크고 긴 화살로 파괴력이 커서 임진왜란 때 왜군을 이기는 데 큰 힘이 되어 주었지요. 총통에 18킬로그램의 화약을 넣어 불을 붙여 폭발시켜 내쏘면 600미터쯤 밖까지 날아가요.

도르래 108, 130쪽
동그란 바퀴에 홈을 파고 줄을 걸어 돌려 물건을 움직이는 장치를 말해요. 바퀴에 끈이나 체인 따위를 걸어 힘의 방향을 바꾸거나 적은 힘으로 물건을 움직일 때 쓰지요. 크게 고정 도르래와 움직 도르래가 있어요. 둘을 섞어서 쓰는 복합 도르래도 있지요.

동지 29쪽
24절기의 하나로 우리나라가 있는 북반구에서는 12월 22일이나 23일쯤을 말해요. 한 해 가운데 낮이 가장 짧고 밤이 가장 긴 날이지요. 하지는 6월 21일쯤으로 한 해 가운데 낮이 가장 긴 날을 말해요. 옛날 사람들은 동지를 한 해의 시작이라고 생각했어요. 동지에는 팥죽을 쑤어 먹고, 옛날 관상감에서는 달력을 만들어 벼슬아치들한테 나누어 주었지요.

박물관 9, 11, 14, 17, 18, 21, 24, 25, 73, 123, 124, 126쪽

역사가 깊거나 가치가 높은 유물, 예술품, 그 밖의 여러 자료를 수집하고 보존하고 전시한 곳이에요. 어떤 물건들이 모여 있느냐에 따라 민속 박물관, 미술 박물관, 과학 박물관, 역사 박물관 따위로 나눌 수 있어요. 있는 곳에 따라 중앙 박물관, 경주 박물관 따위로 나누기도 해요.

보물 14, 27, 42쪽

예부터 대대로 물려 내려온 귀중한 문화재를 말해요. 보물은 나라에서 정한 문화재로 국보 다음 가는 중요한 물품이에요. 보물이 되려면 형태가 있어야 해요. 1955년 이전에 만들어진 유형 문화재는 거의 보물로 정해져 있어요.

불국사 64, 66, 67쪽

경상북도 경주에 있는 절로 토함산 기슭에 있어요. 1996년 유네스코 세계 문화유산으로 정해졌지요. 신라 법흥왕 15년 528년에 세워졌고, 경덕왕 10년 751년에 김대성이란 사람이 중요한 절로 정해 놓았지요. 석굴암과 함께 신라 불교 예술을 보여 주는 귀중한 유적으로 석가탑, 다보탑이 이름나 있어요.

삼국 시대 52쪽

옛날 우리나라에 있었던 신라, 백제, 고구려를 말해요. 삼국 시대는 부족 국가로 시작해서 차츰차츰 나라가 커져 불교를 비롯한 뛰어난 문화들을 받아들여 제대로 된 왕권 국가의 기틀을 만들었어요.

석가탑 64, 67, 68쪽

원래 석가모니의 치아, 머리털, 사리 따위를 모신 탑을 말해요. 우리나라에는 경주의 불국사, 보은의 법주사, 양산의 통도사, 평창의 월정사 같은 곳이 있지요. 하지만 사람들이 석가탑이라고 말하는 것은 불국사 삼층석탑을 말해요. 불국사 대웅전 앞뜰에 세워져 있는 서쪽에 있는 탑이에요. 탑의 몸체 가운데 사리를 넣어 두는 곳에서 금강사리함과 무구정광대다라니경을 비롯한 여러 유물이 나왔지요. 통일신라 시대에 세워진 탑으로 1962년 국보 21호가 되었습니다.

세종대왕 27, 41, 42쪽

'세종'이란 덕이 높은 임금한테 죽은 뒤 붙이는 이름이에요. 하지만 세종대왕이라

고 말하면 조선의 4대 임금을 부르는 말이지요. 집현전을 두고, 훈민정음을 만들었으며, 측우기, 해시계 같은 사람들의 삶에 쓸모 있는 물건들을 많이 만들었어요. 세종대왕은 재주가 있는 백성들한테는 신분을 안 따지고 벼슬을 주었고, 왜구들을 물리쳐 조선이 발전할 만한 기틀을 만든 임금이에요.

유네스코(UNESCO) 104쪽
국제연합교육과학문화기구의 줄임말이에요. 여러 나라들이 모인 세계 전문 기관의 하나로 본부는 프랑스 파리에 있지요. 교육과 과학, 문화를 지키고 알리는 데 힘쓰고 있고, 여러 나라와 힘을 모아 세계가 서로 이해하며 평화를 지킬 수 있게 애쓰고 있어요.

유형거 106쪽
정약용이 수원 화성을 지을 때 발명해 낸 수레를 말하지요. 그전까지 있던 큰 수레는 바퀴가 너무 크고 투박해서 돌을 싣기 힘들고, 바퀴살이 약해서 부러지기 쉬웠어요. 큰 수레의 아쉬움을 덜고자 썼던 썰매는 몸이 땅에 닿아 밀고 끄는 데 힘이 들어서 쓰기가 힘들었지요. 그래서 유형거를 만들었어요. 수레바퀴의 크기가 작고, 바퀴살이 튼튼하며 수레 앞뒤로 오르내릴 수 있게 만들어 비탈길에서도 빠르고 가볍게 움직일 수 있습니다.

전시관 16, 18쪽
여러 가지 물품을 한 곳에 벌여 놓고 보여 주는 것을 전시라고 해요. 어떤 물품을 전시할 목적으로 세워진 건물이 전시관이에요.

정조 104, 130쪽
조선의 22대 왕으로, 영조의 손자이자 사도세자의 아들이에요. 1776년부터 1800년 조선을 다스렸지요. 정조는 똑똑한 사람이라면 누구라도 나라를 위해서 일할 수 있게 만들었어요. 실학(삶에 이롭게 써먹을 수 있는 배움)을 크게 널리 배우게 해 조선 후기 문화를 크고 아름답게 꽃피웠지요. 정조는 억울하게 죽은 아버지 사도 세자에 얽힌 효심으로 널리 알려져 있어요.

조선 46, 59, 77, 104쪽
1392년 이성계가 고려를 무너뜨리고 세운 나라로, 1910년 일본한테 나라의 권리를 빼앗기기 전까지 500년쯤 이어져 내려온 왕조예요. 한양을 도읍으로 삼아 모든 나라 힘이 왕한테서 나왔지요. 옛날 단군이 세운 조선과 구별하려고 근대조선이라고 하기도 해요.

지렛대 36, 128쪽

무거운 물건을 움직이는 데 쓰는 막대기예요. 막대의 한 점을 받치고 그 받침점을 중심으로 힘을 주어 물체를 움직이지요. 도르래처럼 작은 힘을 큰 힘으로 바꾸거나 움직여야 할 거리를 줄일 수 있어요. 병따개, 장도리, 핀셋 같은 것들은 지렛대 원리를 쓴 거예요.

축바퀴 108쪽

지름이 다른 원통 둘을 하나의 축에 끼워 한꺼번에 돌리는 장치를 말해요. 큰 원통을 윤이라고 하고 작은 원통을 축이라고 하는데, 무거운 물체를 작은 힘으로 바꾸게 하여 쉽게 움직이게 해요.

탑 14, 52, 64, 66쪽

여러 층으로, 또는 높고 뾰족하게 세운 건축물을 아울러 일컫는 말이에요. 탑은 신이나 성스러운 사람을 기리려고 만들기도 하고, 관광, 방송, 통신에 쓰려고 만들기도 해요. 이처럼 여러 가지 목적만큼이나 만들어진 재료도 여러 가지예요. 주로 돌, 나무, 콘크리트, 쇠 같은 재로로 만들지요. 원주민들의 수호신을 새긴 토템 기둥이나 이집트, 터키에 있는 오벨리스크 같은 건물, 그리고 수십 층으로 되어 있는 고층 건물은 탑이라고 안 해요.

판옥선 115, 116쪽

왜적이 배를 끌고 우리 바다를 자꾸 넘보자 이에 맞서려고 1555년에 만든 배예요. 그 전까지 쓰던 배 위에 기둥을 세우고 둘레를 가리고 지붕을 덮어 2층으로 만들었어요. 재빠르고 튼튼한 판옥선은 전쟁에 두고두고 쓰였고, 거북선과 더불어 많은 승리를 이끈 가장 규모가 컸던 전투용 배였어요.

팔만대장경 68, 69쪽

고려 시대에 나무에 글자를 새기고 그것을 종이로 찍을 수 있게 만든 불경이에요. 경상남도 합천군에 있는 해인사에 있다고 해서 해인사대장경판이라고도 하고, 고려

시대에 펴냈다고 해서 고려대장경이라고도 해요. 팔만대장경은 나무 판이 8만 개에 가깝고, 8만 4천 번뇌를 뜻하는 8만 4천 법문을 실었다고 하여 붙은 이름이지요. 이 대장경은 고려 고종왕 24년부터 35년(1237~1248년)까지 꼬박 11년 동안 만든 불교 경전이에요. 고종은 현종 때인 1011년부터 선종 때인 1087년까지 고려에서는 처음 만든 초조대장경이 몽고군 때문에 불에 타자, 몽고군의 침입을 부처님의 힘으로 막아 보려고 팔만대장경을 만들었어요. 팔만대장경은 세계에서 가장 오래된 대장경판으로, 우리나라의 뛰어난 민족 문화를 엿볼 수 있는 아주 귀중한 유물이에요. 유네스코는 이를 기리려고 2007년 6월 14일에 팔만대장경을 세계기록유산으로 올렸어요.

화강암 52쪽

석영, 운모, 정장석, 사장석 따위의 물질이 섞여 있는 돌로, 화산의 깊은 곳에서 만들어져요. 입자가 굵고 단단하며 아름다워 건물을 만들거나 비석을 만드는 것처럼 여러모로 쓰이지요. 화강암은 닦으면 윤기가 흐르며, 들어간 물질에 따라 저마다 다른 빛깔을 내요.